Trans+

Trans+

Trans+

Trans+

不在

不同的存在

小異　小小的奇異

不在系列12

你比自己想的還要強大：靈魂溝通師的療癒筆記

作者：Jessica
插畫：蔡維儀（Only）
責任編輯：李清瑞
封面設計：簡廷昇
校對：施薇亞
內頁排版：宸遠彩藝
印務統籌：大製造股份有限公司

出版：小異出版
105022台北市松山區南京東路四段25號11樓
www.locuspublishing.com

發行：大塊文化出版股份有限公司
105022台北市松山區南京東路四段25號11樓
讀者服務專線：0800-006-689
電話：02-87123898
傳真：02-87123897
郵政劃撥帳號：18955675
戶名：大塊文化出版股份有限公司
法律顧問：董安丹律師、顧慕堯律師

總 經 銷：大和書報圖書股份有限公司
新北市新莊區五工五路2號
電 話：02-89902588
傳真：02-22901658

初版一刷：2025年9月
初版二刷：2025年9月
定價：380元
ISBN：978-626-98317-6-0

國家圖書館出版品預行編目 (CIP) 資料

你比自己想的還要強大 : 靈魂溝通師的療癒筆記 /Jessica 著 . -- 初版 . -- 臺北市 : 小異出版 : 大塊文化出版股份有限公司發行 , 2025.09
328 面 ; 14.8x20 公分 . -- (不在 ; 12)
ISBN 978-626-98317-6-0(平裝)

1.CST: 通靈術 2.CST: 靈魂

296.1 114009304

你比自己想的還要強大

靈魂溝通師的療癒筆記

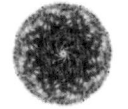

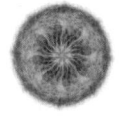

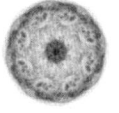

Jessica
—著—

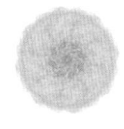

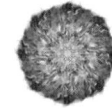

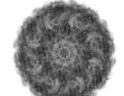

同為靈魂事務所創辦人之一，我們長年陪伴個案穿越潛意識與靈魂的層次。Jessica 這本書像是一場靜靜展開的靈魂旅程，語氣溫柔、內容深刻，談的是靈魂契約、前世記憶與能量振動，卻總能貼近你心裡最柔軟的地方。

當你在人生中迷了路，這本書就像一盞靈性的燈，靜靜亮著，陪你回到自己，也回到愛的方向。

——Larry，「靈魂事務所」催眠培訓師

Jessica 的第一本書，讓我對離世的靈魂世界有新的認識。而這本書對於靈魂有更完整的解讀，每個靈魂具有獨立個體性，獨自的靈魂課題，因活著，藉著靈魂與身體的連結，我們可以選擇，轉變，並得到靈魂進化，我們比自己想的還要強大！

——周金明，城邦（馬新）出版集團總經理

很喜歡 Jessica 在自序中說的，第一本書探討的是「死門」，而這本書探討的是「生門」。我們對於靈魂世界的想像與探討，往往都著重在「離開肉體後的世界與感受」，卻總是忽略了，靈魂是不滅的。無論是否有肉體的羈絆，我們的靈魂在每一刻都在感受、體驗與學習。

這本書，將我們的目光、意念與思維，從那遙遠的死後，拉回到了生活中的時時刻刻，透過 Jessica 豐富的靈魂溝通經驗，用溫柔並堅定的文字，帶你一層層的解析靈魂的運作方式，也讓我們更靠近「真正的自己」。

——鳳凰&大寶，「宇宙閨密」

目次

第三章　人與人之間，靈魂與靈魂之間

第六章　走進你的平行世界——關於時間線的概念

靈魂習作

附錄

後記

序 與這個世界重新對頻的可能

你比自己想的還要強大。

這是我想送給每一位翻開這本書的你的一句話。它不是一句口號，而是我在靈魂世界中無數次見證到的事實。當你開始認識自己的頻率、能量與本質，你會驚訝地發現，原來你比自己想像中的更有力量，也更自由。

這是我出版的第二本書。很多人不知道，其實這本和我的第一本書《我看到的世界跟你不一樣：靈魂溝通師的真情筆記》原本是一體的。最初的大綱非常龐大，彷彿一本靈性百科，是我這二十年來在靈魂工作中累積的觀察、訊息與實驗記錄。當時的我，只是單純地想把所知所感都留下來。

直到有一天，宇宙安排了一位編輯來到我身邊。她聽完內容後，輕輕地說了一句話：「這兩本書，是兩種不同頻率的狀態。」

就是這句話，讓我立刻明白：這兩本書，應該被分開。因為它們的能量不一樣，呼喚的心也不一樣。

第一本書，寫的是「死門」。是我作為靈魂溝通師，陪伴無數靈魂與家屬走過離別、完成道別、回顧人生的旅程。它像是一場安靜的儀式，讓人看見死亡的真實樣貌與愛的延續性。

而這一本，是「生門」。它寫的是活著，是選擇，是轉變，是你怎麼與這個世界重新對頻的可能。它是一場關於意識、能量與實踐的旅程；是我這些年來不斷觀察、體驗、調整後的筆記。

這本書不是要教你「相信什麼」，而是邀請你自己去試試看。

試著用書裡的方法去感受頻率、用能量為自己調整狀態、用更高的意識來做出選擇。因為我相信——當你願意開始這樣做，人生會出現新的出口，新的時間線，也會開啟那個你從未想過的「更大的你」。

在寫作這本書的過程中，我想了很久，我不只想寫一本書，而是想創造一個「活的能量場」。

所以我邀請 Only 為這本書畫了六張圖像，每一張都代表一種不同的頻率能量狀態，與書中的主題彼此呼應。你不需要理解圖的邏輯，也不需要分析它的顏色。只要靜下來、閉上眼睛、去感受。讓圖像引導你進入一個更深層的自己，讓頻率自己與你對話。

這本書有文字，還有圖、有習作，讓你和自己對話，讓你重新感受自己與世界的連結。你可以按順序閱讀，也可以隨意翻開；甚至只是放在床頭，它也會發揮它該有的頻率作用。這不只是一本文字書，它是一個能量場，一個活的存在。

謝謝你願意翻開這本書。也謝謝宇宙的安排，讓我們在這樣的頻率裡相遇。願你透過這本書，重新記得——你比你自己想的還要強大。

第一章

靈魂的本質

我們常常問：「靈魂到底是什麼？」

這個問題就像問「風是什麼」一樣。你感覺得到它的存在，卻無法真正握住它。靈魂不是看得見的形體，而是一種能量，一種連結，一種超越我們想像的存在形式。

靈魂就像一位來人間辦事的旅行者，每一次來到這個世界，都帶著不同的任務、角色與挑戰，直到完成使命再返回「源頭」。但我們大多數人並不知道這趟旅程的目的，也不記得自己曾經來過多少次、經歷了多少故事……

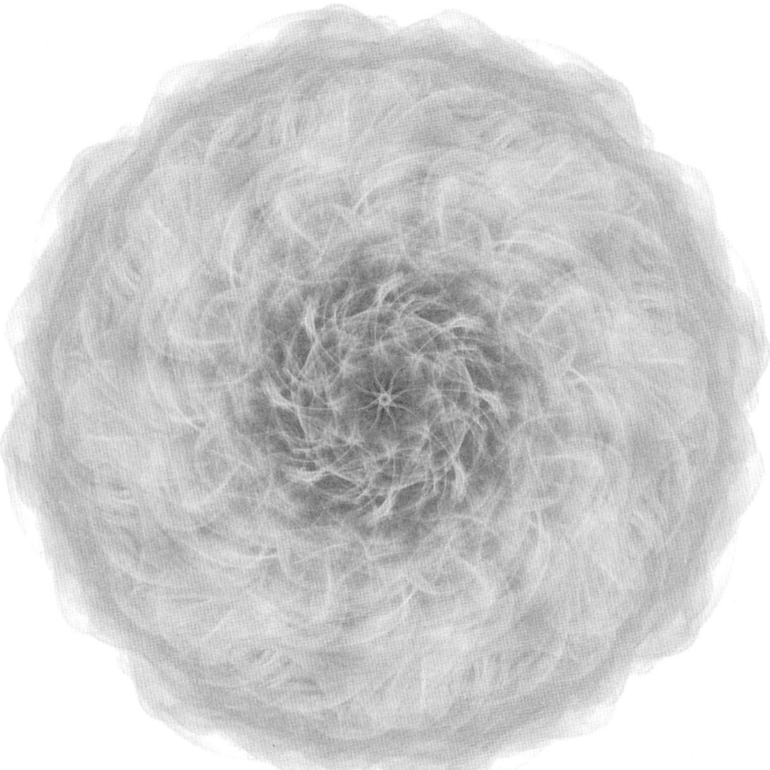

靈魂的感覺

很多人問我：「Jessica，靈魂是一種什麼感覺？它是什麼樣的存在？」

靈魂不是一個抽象的概念，而是一種可以親身感受到的體驗，只是大部分的人從來沒有真正留意過。你以為自己沒有感覺到靈魂，但靈魂每天都在影響你的生活，只是我們習慣用「大腦」去解釋一切，而忽略了內在的感受。

靈魂的感覺，就像一種「深深的對」

你有沒有過這樣的時刻，當你做某件事時，整個人感覺「順流」且輕盈，好像所有事情都剛剛好，沒有任何阻礙。

當你遇見某個人，心裡突然湧起「我們好像認識很久了」的熟悉感，即使這是你們第一次見面。

當你去到某個地方，內心升起「我以前來過」的感覺，但理智告訴你這是不可能的。

這些時刻，並不是「偶然」，而是你的靈魂在發出訊息。這是一種來自內在的「深深的對」，沒有理由，卻無比真實。當你體驗到這種感覺時，表示你正在對齊你的靈魂，你正走在靈魂真正想走的路上。

靈魂的感覺，像是「內心的寧靜與確定」

你是否曾經在面對人生重大決定時，大腦充滿了各種分析、比較、恐懼的聲音，但內心卻有「寧靜的確定感」？

舉個例子：你明明有更安全、更理智的選擇，但內心就是知道：「我要選這條路！」即使別人都覺得你瘋了，你依然無法忽略那股清晰的感受。

或是當你經歷生命中的低潮與困境時，表面上你可能很焦慮，但內在某個地方卻有著「會沒事的」的深層信任感。

這就是靈魂的聲音，它不像大腦那樣喋喋不休地分析優缺點，而是「安靜而堅定地知道」。

靈魂的感覺，像是一種「純粹的快樂與滿足」

你有沒有做過某些事情，讓你完全沉浸其中，時間彷彿消失，內心感到純粹的快樂？比如說當你畫畫、寫作、彈奏音樂，或者投入在你真正熱愛的事情時，你會進入一種「心流」狀態，完全忘記時間。

當你望著大海、星空、山林，內心突然有「活著真好」的感動，沒有理由、沒有條件，純粹是對存在的喜悅。

或是當你與某個人相處時，內心沒有壓力，沒有刻意討好，也不需要偽裝，你只是「做自己」，卻覺得非常自在與快樂。

這些時刻，就是你「活在靈魂頻率」的時候。你的靈魂不是在未來等你完成目標後才會快樂，它只會在「當下」感受純粹的喜悅。

如果你想要感受靈魂，請找回那些讓你「純粹快樂」的事，因為當你快樂時，就是你與靈魂最接近的時候。

靈魂的感覺，像是一種「直覺與提醒」

有時候，靈魂的感覺是一種「直覺」，它會透過身體與情緒來提醒你。

你進入一個地方，表面看起來沒什麼異樣，但內心卻覺得「這裡怪怪的」，讓你渾身不自在。

你與某個人互動時，他表現得很好，但你內心卻覺得「不要相信他」，後來才發現你的直覺是對的。

你正猶豫要不要做一件事，突然在生活中不斷看到與這件事相關的訊息，好像宇宙在給你某種暗示。

這些不是巧合，而是你的靈魂在試圖告訴你一些事情。

如果你的靈魂感覺「不對」，請學會相信它。

靈魂的感覺，像是一種「被愛與連結的溫暖」

有時候，你會感覺自己好像「不孤單」，即使身邊沒有任何人，你仍然感受到某種溫暖的陪伴感。

這種感覺可能來自你的高我，甚至來自更高層次的宇宙智慧。這是一種無條件的愛和支持力量。

你不需要超能力，也不需要成為靈媒，靈魂一直都在影響你的生活，只是你是否願意開始留意它的存在。試試這些小練習：閉上眼睛，問自己：「我的靈魂快樂嗎？」靜下心，聆聽內在的回應。當你產生「內心覺得對」的時刻，那就是靈魂的感覺。開始注意你的直覺與感受，相信那些「無法用理性解釋的答案」。你的靈魂一直在陪伴你、指引你，等待你回應它。

靈魂不滅

我們每天照鏡子，看見臉上多了一條皺紋，開始害怕老去；我們聽見某位親友離世，心裡湧上對生命無常的感嘆。但你知道嗎？這些改變，都是「身體」的變化，而你的靈魂，從來沒有變老，從來不曾消失。

身為靈魂溝通師，我在與靈魂對話的過程中感受到一個現象：當靈魂離開身體時，他們對於「死亡」的概念，跟我們完全不同。

很多靈魂告訴我：「我們並沒有真正死去，只是換了一個存在方式，這個世界對我們來說，像是脫掉了一層厚重的外衣，變得輕盈、自由。」

這讓我更加確信：靈魂是不滅的，它超越時間與空間，它的存在遠遠超過我們的身體與物質世界。

在台灣，很多長輩會說：「人死了，靈魂還在，只是換個地方生活。」這句話聽起來像安慰，但從靈魂溝通的角度來看，這正是靈魂世界的真相。

靈魂投生為人，就像穿上衣服的人，身體只是衣服。當衣服穿舊了、破了，靈魂會脫下來，換上一件新的。但無論衣服怎麼換，裡面那個「真正的你」——靈魂，始終沒變。

有些小孩天生對某些事特別擅長，好像「前世就學過」。或是，你遇見一個陌生人，卻覺得好熟悉，像是以前就認識了。這些可能都是靈魂記憶在運作。

科學研究顯示，某些生理或心理上的本能，可能來自於祖先的基因記憶，而不只是這一生的經驗或學習。例如：未曾發生過的恐懼，從何而來？有些人天生就怕水，卻從未溺過水？有些人對高處感到莫名的恐懼，但從未墜落過？

哈佛大學一項研究發現，小老鼠若在實驗中經歷某種恐懼（例如被電擊後聞到某種特定氣味），它們的後代即使從未經歷相同的痛苦，仍然會對該氣味產生強烈恐懼。這意味著，恐懼可能透過基因傳遞。而這是否說明，我們的某些恐懼並非來自這一生？或真的只是祖先的經歷留在我們的 DNA 裡？

有些人天生對某些文化或語言特別有親切感，科學家懷疑，這可能與祖先的遺傳記憶有關。例如一項研究發現，某些在童年時完全沒有接觸母語的兒童，長大後學習該語言時，會比其他人更容易掌握，因為語言的頻率與音調可能早已儲存在基因記憶中。

神經學家認為這種所謂似曾相識的既視感，可能來自大腦在處理記憶時的錯誤，但這並不能解釋一些特別明確的情境，例如：一個從未去過埃及的女孩，卻能精準描述古埃及建築的內部結構，一個五歲的孩子突然開始說出某種從未學過的古老語言。這些案例讓科學家開始思考，既視感是否不只是大腦的錯覺，而是靈魂記憶的短暫閃現？

美國維吉尼亞大學史蒂文森（Ian Stevenson）博士研究了數千個「前世記憶」案例，許多兒童能夠準確描述過去的生活細節，甚至提供超出其年齡應該知道的資訊。這或許表示某些人的記憶可能不只是來自這一世，而是來自更久遠的靈魂旅程。

靈魂的時間觀

你可以把靈魂想像成一座燈塔，它既是光，也是方向。靈魂不只是你的個性、情感、記憶的總和，而是你真正的「自我」。

當我們說「這個人靈魂很美」、「他的靈魂很純淨」，指的就是一個人內在的能量狀態。靈魂並不單純是玄學的概念，它是一種真實存在的能量，而這股能量能夠影響我們的情緒、選擇、人生方向，甚至在我們離開這個世界後，仍然延續下去。所以，當我們問：「我是誰？」真正的答案是：「我是我的靈魂。」

當靈魂不再受時間限制，會發生什麼？

每天早上，你從床上爬起來，看看時間，「啊！快遲到了」，於是趕緊刷牙、換衣服、出門上班。你的每一天，就像是一連串排好的行程，從早上開始，一件事接著一件事發生，然後結束一天，倒頭大睡。第二天，這個循環再來一次。

這就是我們對時間的理解——它是一條直線，從「過去」走向「現在」，再往「未來」前進，永遠不會倒退，永遠在推動著我們的人生。但如果我告訴你，這只是身體的時間觀，而不是靈魂的時間觀呢？

靈魂不受這種線性時間的限制。時間並不是一條只能往前走的路，更像是一座巨大的「時間花園」。聽起來很瘋狂？別急，讓我用更簡單的方式來解釋。

你的身體活在線性時間裡，這意味著你從小嬰兒變成小孩，再長大成人，身體無法回到過去，只能一直往前走。

你今天去上班，代表昨天已經結束，而明天還沒發生。

你做錯了一件事，沒有辦法回到過去修正，只能在未來做得更好。

這就是我們大腦習慣的時間模式：一個事件接著一個事件發生，無法倒帶，也無法快轉。

對靈魂來說，時間不是一條線，而是一個可以自由進出的「時空場域」，就像一座花園。這座花園裡有許多條小路，每一條路都代表一個不同的時間點，而靈魂可以同時感知、探索這些路徑。

這也是為什麼有些人能回溯前世，因為靈魂仍然記得那段經歷，並能夠「存取」這些記憶。有些人能預知未來，因為未來的可能性已經存在，而靈魂有時能夠感應到。有時候，你會突然想起某個場景，覺得自己似乎已經歷過，這可能是你在夢境或更深層的意識中，早已「走過」這個時間點。

你的身體活在「現在」，但你的靈魂卻可以同時接觸「過去、現在、未來」。

靈魂是超越物質世界的存在

我在從事靈魂溝通的過程中，發現靈魂的存在是不受時間所限制的。有時候，我與來尋求靈魂對話的個案工作時，他們的親人已經離世多年，但當靈魂現身時，他們卻沒有「已經過去很久」的概念。他們的能量、情感，甚至是當時的思維模式，都可以在當下清晰地展現。對於靈魂來說，所有的記憶與經驗並沒有被時間帶走，而是一直存在。

這種靈魂與時間的關係，顛覆了我們對「過去已過去，未來還沒來」的理解。靈魂之所以能夠超越時間，是因為它的本質並不依賴於物質世界的運作模式。

人類在物質世界中的經驗往往讓我們錯過了對自我存在的深刻感受。當我們一整天忙碌於工作、任務和義務時，往往少有片刻停下來去感知自己的存在。這裡我想強調的是，靈魂的存在不僅僅是在時間裡的經歷，而是超越了這些片段性的時間經歷。

你可能會問：「等等，這聽起來太玄了，我的靈魂真的能超越時間嗎？」

其實，我們每個人在日常生活中，都曾經體驗過靈魂與時間之間的奇妙連結，只是你可能沒注意到。

有些人做夢時，會夢見未來要發生的事，結果真的發生了；有時候你會突然

「感覺」某件事應該做，或者某個人不應該相信。這些直覺是你的靈魂在運作，因為它「已經知道」這條時間線上的結果，而試圖給你提示。

這些經驗，都是靈魂與時間之間的互動，只是我們的理性頭腦習慣了用「線性時間」思考，才會忽略靈魂的運作模式。

你的靈魂不受時間的限制，你的每一個選擇，都可能影響「未來」，甚至「過去」！所以，不要再被時間的焦慮困住。重要的不是時間快不快，而是你願不願意回應靈魂的召喚。別只依賴理性分析，試著聆聽內在的聲音——你的靈魂，已經「看見」了更遠的時間線。

靈魂的能量和振動頻率

人的靈魂能量不只是「光」，更是「流動的存在」。很多人以為靈魂是一團閃閃發亮的光體、是一道純粹的光束，但在我親眼所見的靈魂的光，是一種流動的、細微的、精細的顆粒狀能量，但又比粉塵更細、更純粹，帶有自己的流動方向與韻律。

它不是靜止的，而是隨著情緒、環境，甚至與其他靈魂的互動而變化，像是會呼吸的光。

它閃爍著微弱卻穩定的光芒，像是無數個細小的星塵聚集、漂浮、交錯、震動。當人的頻率提升時，這些光粒子會變得更飽和、更有層次。

簡單來說，靈魂的能量可以被理解為一種「頻率」的概念。物質本來就具有能量，這些能量遍布於物質的表面，不管是桌子、椅子、空間，甚至是人，每樣東西都有自己的能量場。但頻率是變動的狀態，依能量的活躍度變化，也因此影響了能量如何與外界產生共振。你可以用樂器調音來想像頻率，不同的頻率會讓同樣的能量呈現出不同的樣貌。

在我們熟悉的物理世界裡，東西通常是固定的，比如一顆球，它不是在這裡、就是在那裡，不會同時出現在兩個地方。但在更細微的層次，比如微小的粒子，它們的狀態卻並不是這麼絕對，而是可以同時處於多種狀態，直到被觀察到，才會顯現出其中一種確定的樣子。這就像是你還沒打開禮物盒之前，裡面的東西有很多種可能，直到你真正打開它，才會知道裡面是什麼。

如果用這個概念來看待靈魂的能量，我會說靈魂並不是單一固定的光，而是一種會變化的流動能量場。它的狀態不是「只有這樣」或「只有那樣」，而是同時可能呈現出不同的頻率，只是會根據你的意識、情緒或環境，顯現出不同的光感與能量模式。我觀察了許久，發現其頻率是可變的，可以同時處於多種能量狀態，直到它與特定的意識或環境發生「共振」時，才會顯化出某一種確定的狀態。

當人的內在頻率提升時，靈魂之光也會改變。這不只是能量變強，而是光的呈現方式會變得更飽和、更鮮明，甚至輪廓變得更加清晰。在我長年的觀察中，這種變化尤其明顯。當一個人開始探索自己，提升內在的理解、覺察，甚至是透過學習、修行或心靈成長去提升自己的頻率，靈魂之光會隨之產生變化——它變得更純粹、更穩定，顏色的飽和度提升，甚至帶有不同層次的光暈。

從小到大我都能看到，在人的頭部上方五到十公分左右，有一圈不一樣的能量。這股能量與靈魂之光不同，它並不是靈魂本身的光，而是與這個人當下的狀態有關。

這個頭部上方的能量場像是一個記錄器，代表著這個人最近的狀況，甚至透露出他可能正在經歷的事情。例如：當一個人壓力大、思緒混亂時，這股能量會顯得紊亂、顏色較暗或不穩定；當一個人心境平靜、內在清明時，這圈能量則會變得透亮、流動順暢；若是這個人正在經歷重大轉變，這股能量甚至會產生明顯的波動，像是在適應新的頻率。

這股能量也與「內在頻率」密切相關。當一個人內在頻率提升時，不只是靈魂之光變得更飽和，這圈頭部的能量也會變得更加穩定、流動順暢。這是因為內在頻率決定了我們如何與世界共振，當我們提升自我理解、學習新知識、覺察自己情緒，甚至單純地讓自己放鬆、專注於當下，這些改變都會影響我們的頻率，而頻率的變化就會反映在能量的外顯狀態。

靈魂與意識的連結

你是否覺得明明活在這個世界上，卻常覺得自己好像「沒有真的活著」。每天忙忙碌碌，行程滿檔，手機訊息不斷跳出來，心裡裝著一堆未完成的事情，腦袋裡想的不是過去的後悔，就是未來的擔憂。

很多人終其一生，都困在這種狀態裡。直到人生走到盡頭，才突然意識到：「我從來沒有真正感受過我的靈魂。」這是我從事靈魂溝通二十多年來，最常見的一種遺憾。

靈魂的存在，並不是等到死亡時才會出現，它一直都在你身上，只是你有沒有去感受它而已。

身為靈魂溝通師，我已經幫助許多人與離世親人對話。而讓我印象最深刻的是，許多靈魂直到離開這個世界，才真正開始認識自己。

他們告訴我：「當我還活著的時候，太忙了，根本沒時間去感受自己的靈魂。我只顧著賺錢、照顧家人、應付社會期待，卻忘了自己真正想要什麼？」

這多麼可惜！為什麼總要等到生命的最後一刻，才願意回頭看看自己的靈魂？靈魂一直都在，問題是我們的意識是否有「連結」到它？

許多人以為靈魂是固定的，綁定在肉體之內，但靈魂的意念擁有極大的自由度，可以透過意識的專注與移動，超越物理限制，影響我們的現實、情緒，甚至與更高層次的靈性世界產生連結。

「意念帶動能量，能量決定靈魂的狀態。」這句話形容了意念與靈魂之間的關係——我們的意念不只是思考工具，它更是一種「驅動力」，能影響靈魂的能量流動，甚至決定我們與世界的連結方式。靈魂的能量場可以擴張、收縮，甚至瞬間移動到不同的意識層次。

我所見的靈魂光場是根據意念與情緒的變化而變動。當一個人的意念集中，靈魂的能量會穩定，光場會清晰。但如果意念分散、情緒混亂，靈魂的能量場就會變得不穩定，甚至產生斷層，出現「能量流失」的現象。當靈魂的能量場穩定時，人的內在狀態也會更清楚、更有方向感；反之，當靈魂的能量場受到干擾或不穩時，就容易感到迷失、焦慮，甚至出現「靈魂無法扎根」的感受。

當你專注於某個想法或目標，靈魂的能量會開始往這個方向集中。當你對某件事情產生強烈的渴望或信念時，你的靈魂能量會自動流向這個目標，並開始吸引相關的經驗與機會。例如：當你持續想著某個目標（如改變工作、學習某項新技能），你的靈魂能量場會對應這個想法，而這股能量場會開始與現實共振，讓機會浮現。

在世的靈魂並不受肉體完全限制，它能透過意念延伸至不同的空間，甚至感知過去與未來。

有時候，我們的意念會自動延伸到某個地方，甚至影響他人，這種現象就是靈魂意念的「遠距遊走」。

有一種情況像是所謂的「心靈感應」。比如說，你突然想起某個人，結果對方就在同一天聯繫你？這是你的靈魂意念已經先行到達對方的能量場，讓雙方的頻率產生共振。

也有像是靈魂的「前後感知」。有時候我們會突然有一種某件事「已經發生過」的感覺，或預感某件事情即將發生，這些都是靈魂超越時間的例子。這說明靈魂的能量場並非被限制在當下，而是同時擁有與過去、未來共鳴的能力。

修行對靈魂的影響

什麼是修行?簡單來說，就是讓你過得比較順。很多人一聽到「修行」，就覺得很玄，好像要打坐、吃素、出家，或者變成一個很有智慧的人。但修行沒那麼神祕，它就是一種內在整理，幫你把雜亂的心思、卡住的情緒、過不去的執著慢慢清乾淨，讓你比較穩、比較輕鬆、比較自在。

簡單來說，修行不是讓你變成仙人，而是讓你變成比較不容易崩潰的人。

修行是在「重整你的大腦」。如果把我們的大腦比喻成一台手機，那修行就像是在「關掉背景程式，讓系統運行更流暢」。

讓你的「理性大腦」變強。當你面對壓力時，修行會讓你更容易想清楚，而不是立刻發飆。

讓你的「情緒中心」沒那麼容易暴衝。以前很容易被激怒的點，修行之後好像沒那麼容易發作了。

讓你不再是情緒的奴隸，而是能觀察自己的情緒。

說白了，就是在訓練你大腦的「理性管理能力」，讓你面對問題時不會那麼容易崩潰，而是能想得更清楚、更穩定。讓你有覺察力，「喔，我現在在生氣，但我不一定要跟著它走」。讓你學會換角度，「這件事好像沒那麼嚴重，我可以用不同方式看它」。讓你情緒穩定，「不管發生什麼，我都有能力處理，我不用怕」。

在人際關係的影響上，以前吵架會想贏，現在會覺得「算了，不想浪費能量」。以前很在意別人怎麼看你，現在你會「愛怎麼想隨便你」。以前容易陷入爛關係，現在你「能量不對就走，不糾結」。

修行不是讓你變冷血，而是讓你更自在。能量放在值得的地方，不再浪費在沒意義的內耗上。

從靈魂的角度來看，修行是在「讓你的光變透亮」。如果你能看到能量，你會發現沒修行的人，靈魂光場通常是混濁的，像是有一層灰霧在外面，因為太多雜念、情緒、壓力卡在裡面。

修行後，靈魂光會從霧濛濛的，變得清透一點，像是水開始沉澱了。從暗淡的，變得比較亮，因為低頻能量慢慢清掉了。從容易受影響，到變得穩定，就像一盞燈，不會被風吹來吹去。

當你的靈魂光變透亮，生活就會開始順起來，因為你吸引到的東西也會變乾淨。

你所接觸的修行方式，本來就有它的安排，該來的會來，該走的會走，不用執著於「一定要這樣才對」。修行不是一條直線，而是靈魂在不同狀態下，自然會吸引對應的體驗。來來去去都是流動，關鍵不是外在的方法，而是內在是否真正對頻。

靈魂習作

如何在日常生活中提升靈魂頻率？

靈魂是一種能量場，帶有獨特的振動頻率。這些頻率影響著我們的情緒、思想、健康，甚至整體的生命狀態。當靈魂的頻率較高時，我們會感到平靜、清晰、有活力，生活中也較容易吸引正向的機會與人事物。但當頻率較低時，我們可能會感到疲憊、焦慮、混亂，且容易陷入負面情緒中。

高頻／低頻的情緒與思想對比

高頻情緒／思想	影響靈魂光的狀態	低頻情緒／思想	影響靈魂光的狀態
愛與感恩：「我很感謝這一切，無論順境或挑戰都讓我成長。」	靈魂光透亮、頻率穩定，能量流動順暢	**抱怨與憎恨**：「為什麼這種事情總是發生在我身上？」	能量場沉重、暗淡，流動受阻

喜悅與自由：「我選擇做讓自己快樂的事，享受當下。」	靈魂光鮮明、輕盈，頻率上升	**壓抑與委屈**：「我沒得選擇，只能這樣。」	能量場緊縮，靈魂光暗淡
平靜與信任：「我相信一切有最好的安排。」	靈魂光穩定、柔和，頻率純淨	**焦慮與恐懼**：「如果事情不能如我所願怎麼辦？」	靈魂光晃動不定，能量場渾濁
寬容與理解：「每個人都有自己的課題，我選擇尊重不同。」	靈魂光擴展、溫暖，能量場寬廣	**批判與指責**：「他們根本不懂，怎麼可以這樣做？」	能量場收縮，光變得銳利刺眼
感謝自己：「我已經努力了，我值得被愛與肯定。」	靈魂光充滿活力，頻率細膩而穩定	**自我批評**：「我做得不夠好，別人一定不會喜歡我。」	光場晦暗，能量流動滯塞

提升靈魂的振動頻率不需要複雜的儀式，而是透過日常生活中的小習慣來調整，讓我們的能量場保持清晰、穩定、流動順暢。以下是幾個簡單但有效的方法：

- 每天寫下三件感恩的事情，讓自己習慣用正向的角度看待生活。

- 當負面情緒來臨時，問自己：「這個情緒真的代表我的全部嗎？」試著與負面情緒拉開距離，而不是完全被它帶走。
- 選擇讓自己開心喜悅的活動，例如聽音樂、與積極的人交流、做自己熱愛的事，讓能量場維持高頻。

靈魂習作

如何以語言與文字的頻率影響靈魂能量？

語言和文字不只是溝通的工具，其本身也具有能量，當我們說話或書寫時，這些語言能量不僅影響自己的能量場，也會影響他人與環境的能量流動。

高頻語言（讓靈魂光穩定、提升頻率）：

- 「謝謝你」：帶來感恩頻率，讓能量場流動順暢。
- 「我相信自己能夠面對這一切」：建立內在穩定感，提升靈魂的光。
- 「這件事雖然有挑戰，但我會從中學習」：讓能量保持開放、流動。
- 「你的努力很值得被看見」：提升自己與對方的頻率，創造溫暖的能量場。

低頻語言（讓靈魂光暗淡、阻塞能量流動）：

- 「我就是運氣不好」：形成低頻自我暗示，讓能量收縮。
- 「這世界太爛了，沒什麼好期待的」：靈魂光變得渾濁，能量場停滯。
- 「你根本不懂，沒救了」：具攻擊性，讓自己頻率下降，也影響對方能量場。
- 「沒辦法，這就是我的命」：限制靈魂光的流動，形成阻塞能量。

練習方法：

- 每天至少說出三句正向肯定的話，無論是對自己或對他人，讓語言成為提升頻率的工具。
- 當想說負面的話時，先停頓三秒，問自己：「這句話能讓能量變得更好嗎？」如果不能，就試著換句方式表達。
- 選擇高頻率的閱讀內容，避免長期沉浸在批評、憤怒、對立的資訊中，以保持自己能量場清淨。

靈魂習作

每天五分鐘，改變你的能量場，讓靈魂閃耀！

在一天開始與結束時，我們的意識處於最容易調整能量頻率的狀態，因此睡前與起床後的內在對話，是影響靈魂的光與振動頻率最關鍵的時刻。把握這個時刻，有意識地選擇高頻語言，不僅能讓靈魂光更穩定，還能影響我們的情緒、行動與一天的整體能量狀態。

睡前五分鐘，幫助靈魂修復，讓夢境更平靜

當你帶著焦慮、不安、憤怒入睡，你的能量場會變得混濁，甚至可能影響你的夢境，讓你醒來時感到疲憊。但如果在睡前對自己說幾句溫暖的話，設定高頻狀態，靈魂的光就會自動調整，進入最好的修復模式。

試試這幾句話：

- 「今天的一切都已經過去，我選擇帶著愛與平靜入睡。」
- 「我的靈魂正在恢復，我的能量場變得更加純淨。」
- 「今晚，我允許自己好好休息，醒來時，我將充滿活力與光。」

你會發現：睡得更深、更安穩，不再被雜亂的思緒影響。隔天醒來時，感覺神清氣爽，能量滿滿。

起床五分鐘，為一天設定高頻率，讓事情順流發展

你從一天的第一個念頭開始，就決定了你這天的頻率。如果你醒來的第一句話是：「啊，又是累人的一天……」那你的能量場會立刻開始下降。但如果你選擇在剛睜開眼睛時，對自己說出充滿力量的話，這一天都充滿順流感！

試試這幾句話：

- 「今天是全新的開始，我的靈魂充滿光與力量。」

- 「我選擇用愛與智慧面對今天的一切。」
- 「我的頻率正在對齊最高的版本，我值得擁有美好的一天。」

你會發現：一整天情緒更穩定，不容易受負面影響。思緒更清晰，工作、學習、決策更順利。好事變多了，吸引更多正向能量。

靈魂習作

如何透過覺察內在對話來轉換頻率？

我們每天都在與自己「對話」，但很多時候我們沒有意識到這些對話的內容充滿了批判、擔憂、遺憾，甚至是不屬於自己的信念。這些低頻的內在語言不只影響情緒，它會直接影響我們的靈魂光場，讓能量場變得混濁、不穩定。可嘗試運用書寫和說話的方式，來轉換頻率：

書寫練習

書寫內在對話（寫下它，再轉換它）。每天花幾分鐘，把腦海中出現的內在對話寫下來，然後將它們轉換成更高頻的語言。

練習方法：

1. 在筆記本或手機備忘錄寫下當下的想法，例如：「我總是這樣失敗，真的很沒用。」「事情怎麼總是不順利？」
2. 轉換為高頻內在語言：「這次經驗讓我學到了一些東西，下次會更好。」「一切都在發展的過程中，我選擇相信宇宙的安排。」
3. 每天練習記錄至少三組對話，幾週後，你會發現自己的內在語言開始轉變，靈魂能量場也變得更清透。

鏡子練習

許多人在對待別人時很溫柔，但對自己卻很嚴苛。鏡子練習可以幫助你用愛與支持的語言重新連結靈魂，讓能量場更加穩定。

練習方法：

1. 站在鏡子前，直視自己的眼睛。
2. 說出高頻內在對話，例如：「我看見你，我知道你已經很努力了，你做得很好。」「我允許自己活出最真實的樣子，靈魂光正變得更透亮。」「我選擇用愛來包圍自己，讓我的能量場充滿溫暖與光。」

3. 每天做兩分鐘，特別是在早晨起床時與晚上睡前，這時潛意識最容易吸收。這個練習不只是表面上的正向語言，而是讓靈魂深處感受到「被看見、被愛、被支持」的力量，讓能量場從內到外調整。

高頻語言的音頻輸入

如果我們長期被低頻的語言影響，比如消極的新聞、負面的社交媒體內容，靈魂的光場會不自覺地受到干擾。因此，我們可以透過有意識地選擇高頻音頻輸入來穩定靈魂能量。

- 播放高頻語言的音頻：每天至少聆聽十分鐘的「正向肯定語音」或「提升頻率的音頻」，例如四三二赫茲或五二八赫茲音樂。你也可以錄下自己的高頻語言，例如：「我正在變得更穩定，靈魂的光場正在恢復純淨。」每天聆聽。以我所見，這樣效果最好！

- 避免低頻資訊干擾：睡前避免瀏覽負面新聞或批判性社群討論，因為這些語言頻率會影響靈魂光場。選擇閱讀或收聽啟發性的內容，例如心靈成長書籍、冥想引導、靈性頻率音樂等。

當你開始注意自己接收的語言頻率，靈魂光場變得更加穩定，不容易被外界的情緒拉扯。

如何讓自己保持學習與靈性探索？

靈魂的頻率會隨著我們的覺察與智慧提升而改變。當我們保持學習、思考、探索人生的意義時，靈魂的光會變得更加透亮，能量也會更加飽滿。可以做的事：

- 閱讀能提升視野的書籍，不管是靈性、哲學、心理學，只要能讓你有新的理解，頻率就會隨之改變。
- 書寫日記，記錄你的內在變化，透過自我對話，釐清自己的狀態。

- 參與課程或工作坊，不管是靈性學習、藝術創作、冥想團體，透過不同的探索方式，讓靈魂的頻率保持成長。

靈魂習作

讓靈魂「順流」的三種修行方式

靈魂的修行，不是讓你變得更「厲害」，而是讓你變得更「輕盈」。當你的靈魂能量乾淨、流動順暢，該來的事自然會來，該走的也會走。修行的重點，就是讓你「調對頻道」，跟宇宙的流動對齊，讓事情自然順起來。

冥想：讓腦袋閉嘴，靈魂才有話說

有時候，人生的答案早就擺在眼前了，但我們的腦袋太吵，根本沒空聽。冥想就是讓大腦安靜一點，讓靈魂的聲音浮現，不然你的直覺怎麼可能被你聽到？

冥想適合這些人：腦袋超忙，想東想西，結果累得要死還沒解決問題。情緒大起大落，想讓自己穩一點、不被外界影響。想讓靈感、直覺變強，學會「聽見內在聲音」。

超簡單冥想法（不用搞太正式）：找個安靜的地方，閉上眼睛，深呼吸，什麼都不想。想法飄出來沒關係，讓它像雲一樣飄走，重點是不要跟它互動。每天五到十分鐘就好，習慣比時間長短重要。不是強迫自己什麼都不想，而是當腦袋「鬆開」、靜下來之後，靈魂才會開始給你訊息。

靜心：對齊宇宙頻率，讓人生變順

有時候，我們不是「做不對」，而是「方向錯了」。當頻率沒對上，再怎麼努力都會覺得卡，這時候，靜心就是一種「能量校準」的方式，回到正中，讓你的靈魂跟宇宙同步。

靜心適合這些人：做什麼都覺得不順，感覺被生活綁住了。情緒容易受到環境影響，想找回自己的中心點。想讓自己能量穩定，不要老是被小事影響心情。

靜心練習（超簡單版）：不需要閉眼、不需要打坐，單純「專注當下」就好。

感受風吹在臉上的感覺、聽鳥叫聲、看陽光灑在地上的樣子。當你完全「進入當下」，你的能量會自動調頻，該順的事情就會順起來，宇宙就能開始對你下好訂單，讓人生順流起來。

禪修：讓靈魂歸零，讓人生順流

在台灣，法鼓山、佛光山、中台禪寺等佛教機構都有正規的禪修教學，幫助人們進入更深層的專注與放鬆狀態。這些課程不只是「打坐」，而是讓禪法真正融入生活，幫助我們在日常壓力中找到平衡。

禪修的重點是「與當下在一起，不跟念頭糾纏」，當你不再拼命壓抑思緒，不再被情緒帶走，事情還是那些事，但你變得不容易緊張了。禪修不是讓你「解決問題」，而是讓你進入「內心穩定」的狀態，當你穩了，一切自然就會順了。

靈魂習作

當靈魂過度停留在靈性層面，而與現實脫節時，該如何找到平衡？

當我們深入靈性探索、提升意識頻率，可能會產生一種「現實感消失」的狀態，甚至不願意回到日常生活，覺得物質世界太低頻、不夠純粹。這時，靈魂的狀態高度活躍，與身體無法和諧，導致我們在現實世界中產生「失重感」。

當靈魂沒有完全「進駐」身體時，它仍然連結著高頻能量，但與現實世界的接觸點較少，因此可能會出現以下狀況：對人際關係失去興趣，覺得與人交流變得困難，寧願獨處或與靈性存有交流。覺得世界有點「假」，像是自己在一個不同的維度觀看俗世，而不是親自參與。對日常事物變得無感，甚至連吃飯、娛樂、購物等以前有興趣的事情都覺得沒有吸引力。

如何讓靈魂與現實世界找到平衡？每天設定一個具體的任務，並完成它，不管是簡單的家務、寫作、繪畫，都能幫助靈魂感受到「行動的存在」。參與社交活動，即使只是簡單地與人交流，也是能讓靈魂適應現實世界的互動方式。另外也分享兩個幫助身體與靈魂對齊的方法。

透過「節奏感」幫助身體與靈魂對齊

可試著用節奏感讓靈魂能量得到充電機會，無論是薩滿鼓、銅鑼、頌缽、喉音誦經，或是深沉呼吸（與聲音結合）的喉音共鳴，如「嗡——」（OM）。這些聲音的低頻共振能「填補」能量場的漏洞，使靈魂頻率更加穩定。此時搭配身體律動（舞蹈、搖擺、踏步）。身體的節奏性運動，能夠促進能量回到核心；如果可以，建議光腳進行。

當身體進入舞蹈狀態，靈魂的光場會隨著動作、節奏和意識轉變，呈現流動、飽和、頻率提升。這些變化使能量更加充盈，使靈魂與現實產生深層共鳴：

- **流動（能量開始釋放與循環）**

特徵：能量開始變得活躍，如水流般在身體內外移動。靈魂光場變得有彈性，不再僵硬或停滯。能量透過肢體的擺動被帶動，釋放過去累積的壓力或情緒。

身體感受：身體變得輕盈，感覺像微風或水波在周圍流動。隨著舞蹈的進行，能量逐漸延伸至四肢、軀幹，甚至整個空間。有時會感覺手指、腳底或脊椎有輕微電流感，這代表能量在啟動流通。

靈魂能量變化：由靜態轉為動態，像是柔和的光霧在周圍流動。能量顏色可能開始變得明亮，如金色、銀白色、淡藍色等高頻顏色。

- **飽和（能量累積與充盈）**

特徵：隨著舞蹈持續，光場開始變得濃密，能量不斷累積。這時候，靈魂能量與身體的連結變得更強，感受到「存在感」提升。如果是在集體舞蹈，能量場會互相交融，產生一種「場域共鳴」的效果。

身體感受：內在感覺越來越充盈，好像能量層層堆疊，變得更加有力。心跳與節奏同步，呼吸與能量場融為一體，感覺到強烈的生命力。有些人會開始產生「光的擴展感」，彷彿光場變大，能量外溢至更廣的範圍，這時甚至會呈現忘我的感受，完全融入其中。

靈魂能量變化：變得更亮、更飽滿，能量不再散亂，而是有結構地環繞身體。可能會出現「光的層次感」，如同多層次的光波在身體內外交疊。某些人會感覺身體發熱、出現「光的氣場擴張」的現象。

- **頻率提升（靈魂與宇宙頻率同步）**

特徵：當舞蹈進入某種「忘我」狀態，能量的頻率會提升，開始與更高層次的靈魂意識對接。身體彷彿自動在運動，不是「控制」舞蹈，而是「成為」舞蹈本身。靈魂光場變得穩定而細緻，這時候可以吸收來自宇宙、所處場域的能量。

身體感受：時間感變得模糊，感覺舞蹈不是自己在跳，而是能量在帶領身體動作。內在的「純粹存在感」變得清晰，感受到一種與宇宙合一的狀態。有時會有靈視畫面或直覺訊息湧現，代表靈魂頻率已經開啟更高的接收能力。

靈魂能量變化：光的質地變細緻，像絲綢或發光的液體流動在身體周圍。有些人會感受到自己彷彿進入金色或藍紫色光芒之中，這通常代表意識頻率上升。若是團體舞蹈，整個空間可能會形成能量光罩，共同進入高頻狀態。

透過「自然元素」幫助身體與靈魂對齊

如果你的能量場感覺輕飄，那麼透過與大地、植物、礦物接觸，可以幫助靈魂重新適應現實環境。只要有適合環境、適合時間，就讓自己與自然元素交流：

- 早晨起床後，赤腳站在草地、泥土、石頭上，至少五到十分鐘，感受腳底與地面的接觸。可以閉上眼睛，專注於腳底的觸感，觀想大地的能量緩緩進入身體。如果住在城市，可以踩在木質地板上，或用溫水泡腳加一點鹽來模擬大地的能量包覆感，特別適合剛睡醒、能量未穩定時。

- 早晨時，站在陽光下二到五分鐘，閉眼吸收太陽的溫暖感覺，觀想陽光的能量進入頭頂，緩緩充滿全身，幫助穩定靈魂頻率。若太陽太強，可選擇陰影處，透過陽光的「間接熱度」感受能量充電，這樣可以讓靈魂能量充滿活力，適合疲倦、注意力不集中時使用。
- 找一棵大樹，將手掌或額頭輕貼在樹幹上，深呼吸三到五次，想像自己像樹根一樣向下扎入地底，讓能量穩定在身體內。若不方便擁抱，可以坐在樹下，讓背部貼著樹幹，吸收來自樹木的穩定力量，增強「穩定感」，讓靈魂頻率更飽和。
- 站在開放空間（如陽台、公園），感受風吹過身體，讓自己專注於風的流動，配合「呼吸法」，用鼻子深吸氣四秒，屏氣兩秒，再用嘴巴緩慢吐氣六秒，幫助能量回歸平穩，也可以舉起雙手，隨風輕搖，讓身體與風的節奏同步，釋放負能量，這樣可以降低焦躁感，讓靈魂頻率與當下同步，適合壓力大時使用。

靈魂與身體的關係，就像大海與岸邊，彼此依存但需要一個穩定的交匯點。而真正強大的靈魂，不僅是漂浮在靈性層面，而是能夠深入身體，讓我們的內在智慧真正體現在生活之中。

靈魂筆記

第二章

靈魂與身體的連結

靈魂與身體的關係，就像駕駛員與車輛的關係。身體是靈魂在物質世界的載體，而靈魂則是驅動意識與生命體驗的核心。靈魂透過身體感受世界，但同時也能超越身體，進行更高層次的感知與探索。

靈魂與身體就像一場精心編排的舞蹈，當兩者節奏一致時，生命充滿流動感與活力；當失衡時，可能會感到疲憊、焦慮、失去動力，甚至在現實生活中迷失方向。

因此，學習如何維持靈魂與身體的和諧，是身心靈健康的關鍵。

靈魂的能量觸手

每個人的靈魂，並非靜止不動的存在，而是充滿動態的能量流動。當我與一個活人的靈魂連結時，我總能感受到一種特殊的「能量觸手」在訊息場中穿梭，它們像是靈魂的感知延伸，觸摸著看不見的訊息層，試圖找尋某些尚未解開的謎團。

當一個人內心充滿未解的情緒、疑問，或是放不下的執著時，靈魂能量會變得異常活躍。這些能量觸手就像是不安分的探索者，在訊息層中四處搜尋，翻找那些零散的記憶、片段與潛藏的情感，試圖讓我們看見、感受到它真正想傳達的訊息。有時候，這些觸手會像丟拼圖一樣，把各種碎片一次性地拋向我們，期待我們能拼湊出完整的圖像。

然而，當一個靈魂已經準備好面對某個問題，或是即將迎來關鍵的突破時，它的能量觸手不再四處翻找，而是變得專注而堅定——它會緊緊抓住一個特定的畫面、一個強烈的情緒，甚至是一個關鍵的事件，彷彿在說：「這就是重點！」

就在這一瞬間，腦海會突然浮現一個清晰的畫面，或一股強烈的情感瞬間湧上心頭，像是靈魂正迫切地說：「這個，請你一定要看見，請你一定要幫我理解！」

這個過程讓我深刻體悟到，人的靈魂不只是生命核心，更是一個不斷與自己對話、試圖尋找答案的存在。在靈魂溝通的場域中，這種內在探索的動態變得更加明顯，彷彿靈魂的真實心聲，終於能毫無保留地傳達出來。

靈魂為什麼偏愛「能量共鳴」，而不是用語言或更明顯的方式來跟我們溝通呢？因為這是一種最快速、最直接、完全不受時空限制的感知方式。

我們說話需要時間、語言，還可能產生誤解，但能量共鳴是不需要的。它是直接的，一種「感覺到」而不是「聽到」的交流。就像兩顆調頻相同的收音機，只要對上頻道，訊息就能瞬間傳遞，不需要經過任何翻譯或中介。

就像音樂，不同樂器能產生和諧的旋律，但有些聲音放在一起就是不協調。靈魂也一樣，當你遇到頻率相合的人，交流就變得輕鬆又自在，反之，頻率不對的人，你可能怎麼努力都很難產生真正的連結。

有時候，你可能無緣無故想去某個咖啡廳，結果遇到了一個能影響你人生的重要人物。你可能被一本書吸引，翻開後它剛好解答了你最近的困惑。有時候，你會突然對某個話題產生極大的興趣，結果發現這正是你人生的下一步。

這些「隨機事件」，都是能量在運作，讓你進入適合你的場域，幫助你做出對的選擇。就像吸引力法則運作時，你不一定知道「為什麼這件事發生了」，但後來回頭一看，就會驚覺「原來一切都剛剛好」。

有時你準備做某件事，卻莫名其妙地覺得「哪裡不對勁」，後來發現幸好你沒這麼做。這正是你的靈魂在透過直覺向你傳遞訊息。

直覺就像是一種靈魂的「內線電話」，不透過語言，也不需要邏輯分析，而是用一種強烈的「感覺」告訴你，該往哪裡走、該避開什麼。這種感知比任何外在資訊都快，甚至比你的思維還快。

就像貓的第六感，動物在地震前會先察覺異狀，開始不安地四處跑。人類的靈魂也具備這種能力，只是我們太常用理性壓抑它，忽略了內心的警訊。

觀察直覺的準確性，每當你有一個強烈的預感時，記錄下來，看看事後是否驗證了你的感覺，這能幫助你更有信心相信自己的直覺；別忽視身體的反應，有時候，直覺是透過身體來表達的，例如心跳加快、手心冒汗、突然覺得「渾身不對勁」，這些都是靈魂在提醒你。

夢境：靈魂觸角穿梭於多個層次的旅程

夢境不只是記憶的拼湊，而是靈魂在不同層次間穿梭的結果。有時，它可能讓我們回望過去的片段，有時則會讓我們預見未來，甚至帶領我們進入另一個維度的世界。這些層次，可能包括連接過去與未來的時間網絡，多重維度的感知和自身能量場的修正與療癒。

連接過去與未來的時間網絡

我們總以為時間是線性的，但靈魂運作的方式更接近「網絡結構」——它的觸手可以跨越時間，去連結「可能性」。有時我們夢見未來，並非因為它已被決定，而是靈魂在無意識間捕捉到了某個即將成形的事件，或者一種未來趨勢的能量。

夢見自己站在某個陌生的地方，幾個月後，真的來到了這個場景，彷彿一切早已發生過。這不是命運的安排，而是靈魂曾經在這個時間節點留下了「標記」。

多重維度的感知

在某些夢境中，我們可能會進入完全陌生的場景，甚至體驗「不是自己」的視角——像是另一個身分，另一個時空，或另一種存在狀態。這可能是靈魂觸手在連結不同的維度，讓我們短暫觸及其他意識層的片段。

有些人會夢見自己擁有完全不同的身分，比如夢中的自己是一位異國的畫家，住在某個歐洲城市的公寓裡，每天早晨在露台上喝咖啡、繪畫，感受微風吹拂。然而夢醒之後，發現這與你的現實生活完全無關，甚至從未去過這個地方。

但奇妙的是，當你後來無意間看到一張照片，發現那個「夢中的公寓」竟然真實存在，甚至與你夢中看到的一模一樣。這可能意味著，你的靈魂曾經觸及過某個與你意識共鳴的平行存在，或是短暫體驗了另一個時空的片段。

有些夢境則讓我們來到一個完全陌生的世界，例如一個科技高度發展但建築風格完全不同的城市，或者一片天空呈現紫藍色、擁有兩顆太陽的異世界。這些場景既非電影中的畫面，也不是現實世界的任何地方。

這可能是靈魂短暫接觸到不同維度的意識流，或者與其他存在的能量場產生了共鳴，使我們得以在夢中窺見那些平時無法觸及的世界。

自身能量場的修正與療癒

有時候，我們會在夢中經歷強烈的情緒釋放，或與某個人進行對話，即使對方在現實中已經不存在了。這些夢境的本質，並非單純的回憶，而是靈魂觸手在訊息層中「修正」在我們身上未解除的能量，讓我們得以在潛意識間完成某種療癒。

例如，一個人夢見已故的親人，對方微笑著對他說：「沒事了。」醒來後，他內心的愧疚與遺憾似乎減輕了，這便是靈魂透過夢境完成了一場真正的對話。

靈魂指引夢

靈魂的存在並不侷限於物理世界，當我們進入不同的意識狀態，如夢境、託夢、冥想或靈魂旅行，靈魂的能量場就能穿越不同的層次，體驗超越身體的世界。這些經驗讓我們得以連結更高維度的智慧，理解靈魂的本質，甚至帶回對現實生活有幫助的訊息。

夢境一直以來被視為靈魂遊走的一種途徑，因為當身體進入睡眠狀態，意識會短暫放鬆對物理世界的控制，靈魂便能夠在不同的層次中穿梭。

一般的普通夢境（心理層面的整理）通常與日常生活、壓力或情緒處理有關，主要發生在「淺層意識」中。例如：當你白天遇到壓力，晚上可能夢見自己在考試或趕不上車，這是一種心理調適的過程。

而也有所謂的靈魂指引夢，簡單來說，就是你的靈魂透過夢境給你的提醒或訊息。這種夢通常比普通夢更清晰、真實、有感覺，甚至帶著某種「重要性」，讓你醒來後仍記得夢的細節，甚至覺得這個夢「有意義」，這樣的夢境不像清明夢那樣可以完全控制，但比普通夢更有深度，彷彿靈魂真的去到某個地方，帶回一些重要的訊息。

清明夢（意識清醒的靈魂探索）：清明夢是一種特殊的夢境狀態，當你進入這種夢境時，你會意識到自己正在做夢，並且能夠控制夢境的發展。這不僅是一種「夢中的自由體驗」，更是靈魂鍛鍊意念效能、強化現實創造力的重要工具。

在靈魂層面，清明夢不只是「玩樂」，而是意識與能量運作的練習場。當你在夢境中學會「主動創造」，你的靈魂能量場也會開始調整，並影響你的現實生活。當你在清明夢中學會改變環境、改變情緒、改變與他人的互動模式，你的潛意識也開始記住這種「創造的能力」，這會影響到你在現實生活中的行動模式。也就是說，清明夢中的練習，會映射到你的現實世界！

預知夢：我們習慣以「時間」來理解預知夢，認為它是靈魂「提前看見」未來的一種能力，但如果我們拋開線性時間的限制，從靈魂的角度來看，預知夢並不是單純的「看見未來」，而是「靈魂正在參與未來的創造」。

在物質世界，我們的意識受限於過去、現在、未來的時間框架，但靈魂的感知方式不同，它可以同時感知不同的「時間層」。這就像我們站在高處俯瞰一條蜿蜒的河流，我們能同時看到河流的源頭、中段和末端，而在河流中的人只能看到眼前的水流。預知夢，就是靈魂站在更高的視角，察覺到某條未來可能發生的「時間線」，並透過夢境把這個訊息傳遞給我們的意識。

為什麼有些人特別容易做預知夢？並不是每個人都能經常體驗到預知夢，這和靈魂的特質、能量場的穩定性、甚至日常的感知力都有關。那些特別容易做預知夢的人，通常具備以下特點：

- **對能量變化特別敏感，擅長觀察細節。**他們天生能察覺細微的變化，比如人的情緒、環境的能量，甚至是空間的氛圍變化。他們的靈魂感知力強，當未來的某個時間線正在形成時，他們更容易「提前接收」這些變動的能量，並在夢中將這些能量拼湊成畫面。
- **夢境特別清晰，記憶力強。**這些人的夢不像普通夢那樣模糊、跳躍，而是充滿細節，甚至比現實更真實。他們能夠記住夢裡的對話、場景，甚至某些具體細節，等到未來發生時，他們能立刻聯想到：「這個場景我夢見過！」

- **靈魂的頻率較高，容易與未來共振**。有些人的靈魂天生與更高層次的能量場連結，這讓他們能夠感知未來的可能性。他們的夢境不只是個人潛意識的投射，而是靈魂與未來能量的共振，當未來的某條時間線變得足夠穩定，他們的靈魂便能在夢中「預演」這個未來。

預知夢並不是「命運已定」，而是「未來仍可改變」。預知夢顯示的是「某條可能的時間線」，而不是唯一的結局。這些夢的目的是讓我們有機會「選擇是否要朝這個方向發展」。你可以把預知夢想像成導航系統：它告訴你目前的方向會帶你去哪裡，但你依然可以選擇轉彎、改變路徑。

瀕死經驗與靈魂出體經驗

靈魂的存在遠超過個體的單一生命，它是一個不斷學習與進化的能量體。你的靈魂並非在這一世才誕生，而是在無數次的輪迴與轉世中積累了豐富的經驗和智慧。你可能無法記得過去的旅程，但它確實存在，並以某種形式影響著你當前的選擇、情感，甚至恐懼與偏好。

每個人的靈魂帶著「記憶的烙印」，這些烙印不是以顯性的方式呈現，而是透過直覺、夢境、天賦或難以解釋的熟悉感顯現出來。當你感覺某些事物特別熟悉，或對某些領域特別擅長時，這可能正是靈魂過去經驗的印記在這一世浮現。

若能覺察靈魂的歷史，便能更清楚地理解自己在這一生的課題與使命。我們不是偶然來到這裡，而是帶著目的與學習的機會，走在一條靈魂不斷進化的道路上。

如果我們把靈魂比喻成一個旅行者，那麼這一生只是其中一站，靈魂早在很久以前就開始這場旅程了。這不僅僅是理論上的概念，而是許多靈魂出體與瀕死經驗親身體驗者的證詞所印證的事實。而我自己也曾經歷過這種奇妙的體驗。

有一次，我在睡夢中突然感受到一股強烈的「吸引力」，彷彿有某種無形的能量正將我從身體中抽離。這種感覺非常獨特，是一種清晰無比的真實感。我沒有恐懼，也沒有抗拒，而是順勢飄出，彷彿靈魂被輕柔地拉離肉身。

就在那一刻，我的視野變得無比清晰。我看見自己的身體仍然躺在床上，但我已經不再受限於它。我能夠自由移動，沒有重量，也不受地心引力的影響。更驚人的是，我不只是停留在房間內，而是看見了「另一個空間」。

那是一個與現實世界完全不同的維度。那裡的顏色更加飽和、更加鮮明，彷彿空氣中流動著某種光的能量。一切都像是經過強化的高清畫面，細節清晰到難以形容。我能夠「看見」能量的流動，物質的界線變得模糊，所有的一切都帶有一種微妙的振動。我甚至能感受到空間裡的存在——不是用眼睛去看，而是用某種更深層的「感知」去體驗。

我彷彿進入了一個完全不同的現實，但我的意識卻比平時更加清醒。我沒有像在夢中那樣模糊不清，反而能夠理性地思考：「這裡是哪裡？為什麼我能看到這些？」我知道自己已經不在物理世界的限制中，卻又比任何時候都還要清醒。這種「覺醒」的感覺非常震撼，讓我意識到靈魂的感受，遠遠超越我們在日常生活中所能理解的範圍。

這讓我想起許多瀕死經驗的案例。很多人描述過類似的現象：當靈魂離開身體時，他們能看到更高維度的空間，甚至與某些靈性存在交流。他們說那種感知比現實世界更清晰，更有層次，彷彿真正進入一個更接近靈魂本質的狀態。而我當時的體驗正是這種感覺——一種突破身體限制後的「真正看見」。

然而，就在我試圖進一步探索時，我突然感受到一股強烈的吸力——這次是相反的方向。我像是被某種力量「拉」回身體，那股能量迅速將我從那個空間帶回。我瞬間感覺到自己的身體，並猛然睜開眼睛，發現自己仍然躺在床上，心跳微微加快，身體變得異常沉重，就像剛剛經歷了一場超越物理世界的旅程。

這次的靈魂出體經驗，讓我對「靈魂的真實性」有了更深刻的理解，當然之後也有更多次體驗，但在此不詳述。

在靈魂事務所的靈魂溝通工作中，我曾與許多亡者靈魂交流，發現他們常描述的「世界」與我的體驗非常相似。他們說，離開肉身後，感受的世界比物理世界更清楚，感知力也比生前更加敏銳。

這也讓我更加確信，靈魂不只是這一生的產物，而是比想像的還要古老，不受時間與空間的限制。

在靈魂事務所，我最常告訴人們的一句話是：「你比你自己想的還要強大，因為你不是第一次來到這裡。」當你開始理解這一點，就會明白生命中的許多難以解釋的現象都有跡可循。你並非偶然來到這個世界，而是帶著目的、學習與體驗來到這裡。靈魂的旅程，從未停止。

前世的影響：催眠與靈魂溝通案例

在我的靈魂溝通與催眠回溯的經驗中，許多個案帶著今生無法解釋的恐懼、偏好、天賦，甚至是無法擺脫的情感關係，當這些現象無法從童年經歷或家庭背景中找到答案時，前世的記憶便浮現出來，成為最合理的解釋。

有些人一生都在承受看不見的枷鎖，卻不知道那是來自靈魂深處的記憶，而靈魂總是試圖透過今生的課題來療癒或延續過去的未竟之事。

以下是幾個透過催眠回溯與靈魂溝通所見證的案例，這些故事讓我們更清楚地理解——前世不只是故事，而是真實影響著我們今生選擇與生命狀態的重要因素。

案例：無法解釋的心理創傷，來自靈魂的記憶

小安是一位三十多歲的男性，他從小就對水有極大的恐懼，甚至連在游泳池

邊都會感到極度不安，但他的童年並未發生過溺水事件，也找不出明確的心理創傷來源。他試過心理諮商，卻無法改善這種恐懼。

透過催眠回溯，小安進入一個前世記憶中：自己曾是一名航海者。在那段記憶裡，他看到自己正站在一艘即將沉沒的船上，周圍是洶湧的海浪與驚慌失措的船員。他最後被大浪吞噬，沉入深海，無法掙扎。當他在催眠狀態下重新體驗這個過程時，他的身體開始顫抖，甚至難以呼吸，彷彿再次經歷死亡瞬間的恐懼。

當這段記憶被帶回意識層面後，小安的恐懼開始有了釋放的機會。透過一系列的療癒與自我認識，他逐漸學會如何與水建立新的關係。他的恐懼並非來自今生，而是來自於靈魂深處的「死亡記憶」，一個未曾被釋放的過去。

這是否說明靈魂記憶不只影響我們的選擇，也可能深植於潛意識，讓我們不自覺地回應過去的經歷？

案例：靈魂的執念，導致今生的業力關係

曾經有一對情侶來找我做靈魂溝通，他們的感情有著強烈的牽絆，卻又充滿衝突，彷彿彼此有一種「剪不斷、理還亂」的業力關係。他們分分合合多次，彼此深愛對方，卻總是在關係中拉扯，無法好好相處，但也無法真正分開。

在催眠回溯的過程中，他們的靈魂顯現出一段令人震驚的過去。在某個時代，他們曾是敵對國家的將軍與王妃。當時，他們彼此相愛，卻因戰爭無法在一起，這段愛情最終以悲劇收場。王妃選擇殉國，而將軍則因愧疚與痛苦，終生未再娶。他們的靈魂帶著這份遺憾，轉世後再次相遇，但彼此仍然帶著過去的情感與未解的課題。

今生的衝突，正是靈魂試圖去平衡那段未完成的愛，他們並不是「不適合」，而是靈魂還在尋求療癒與學習。前世他們因外在環境而無法在一起，今生他們擁有機會修補這段關係，卻仍受制於潛意識的遺憾與執著。

當他們理解了這段前世記憶後，開始改變相處方式，不再試圖掌控彼此，而

是選擇用更高的視角來看待這段關係。他們意識到，他們的關係並不只是今生的相遇，而是一場橫跨世代的學習與療癒。

這是否意味著我們的感情關係，可能是靈魂在不同世代中試圖修補、完成的功課？

案例：童年創傷與前世關聯的啟示

小萍來找我時，提到自己從小就對「密閉空間」感到極端恐懼，例如電梯、飛機，甚至是人多的房間，這種恐懼讓她的生活變得困難，影響了她的旅行與人際關係。

在催眠回溯的過程中，小萍的靈魂帶她回到一段令人窒息的記憶——她在某個前世曾是戰亂時期的女性，被關押在狹小的地下牢房數年，直到最終死於牢獄之中。她的最後記憶，是黑暗、窒息與無助的恐懼。當這段記憶浮現時，她在催眠狀態下開始強烈哭泣，感受到那種壓迫感。

她在今生，潛意識仍然帶著這份恐懼，靈魂試圖透過「恐懼密閉空間」來提醒她，這是一段尚未釋放的過去。當她意識到這件事後，她開始學習如何與這份恐懼共處，而不是逃避它。她的恐懼並未瞬間消失，但她的態度開始轉變，她不再害怕恐懼，而是選擇去理解它，並透過療癒釋放它。

這是否說明，某些童年創傷可能不是來自今生的經驗，而是來自靈魂記憶的延續？

在催眠回溯與靈魂溝通的過程中，我見證過無數個案的靈魂記憶，它們不是線性發展的，而是如多維畫面般交錯並存。有時，個案會在回溯中「瞬間跳躍」數百年，甚至回到完全不同的時空。

案例：靈魂的時間是同步的

小娟在催眠回溯中，進入一段震撼的記憶：她是一名古羅馬時期的女性，當時她站在競技場外，四周是狂熱的吶喊聲，而她的心中充滿恐懼，因為她的至親即將進入競技場，面對殘酷的生死考驗。

當回憶這段記憶時，小娟突然睜開眼睛，滿臉困惑地問：「為什麼這一切還在發生？這感覺不只是過去，好像我還身處其中……」

這正是靈魂的時間觀念不同於肉身的證明——某些未解的情緒與記憶，依然停留在靈魂的深處，並沒有真正過去，而是等待著我們去理解、釋放。

她的今生，對於人群與大型活動總有莫名的焦慮，甚至無法進入體育館。直到她透過催眠回溯，看見自己過去的這段創傷，她才明白這種恐懼的真正來源。

這讓我開始思考，今生的某些情緒與選擇，真的是來自這一世的經驗嗎？還是靈魂試圖提醒我們，它曾經歷過的故事？

靈魂感知如何讓心靈感應發生？

心靈感應的發生，不只是「突然想到某個人」，而是靈魂場域之間的共振與能量交換。而這種交換，通常會受到以下幾種因素影響。

首先是彼此的頻率，當兩個人的靈魂場曾有深刻交集，它們之間的觸手就像一條隱形的線，即使相隔千里，依然可以瞬間連結。這就是為什麼親密的家人、戀人或靈魂伴侶，總是能感應到彼此的狀態。

再來就是能量的強度，強烈的情緒是最好的訊號。靈魂感知的傳輸，通常是透過「能量波動」進行的，而最強烈的訊號，來自於情緒。當某個人處於極端的喜悅、痛苦、恐懼或愛之中，他的靈魂場會產生強烈的波動，而這股波動會直接傳遞給與他頻率相近的人。

還有就是經歷劇烈的生命變故時，會突然產生靈魂感知能力。比如當一個人經歷親人的離世，內心的劇痛會讓靈魂觸手開始向更深的訊息層延伸，試圖「尋找」對方的存在。這種情緒波動形成的能量共振，會讓人短暫地突破日常意識的屏障，進入靈魂層的感知領域，於是便能在意識清醒時「看見」往生的親人，或是在現實中莫名地「聽見」、「感受到」往生的親人。

這並不是幻覺，而是靈魂場因為極端的情緒刺激，被「震開」一個缺口，使人能夠短暫地感知到靈魂層的訊息。

而當一個人面臨生死交界的瞬間，靈魂觸手可能會瞬間穿越至更高的意識層。這就是許多瀕死經驗者所描述的「靈魂出竅」或「見到光」的現象，因為在那一刻，身體的意識暫時放鬆了對靈魂感知的限制，讓人能夠感受到更高維度的存在。

這些瞬間的靈魂感知，不是超能力，而是一種內在的開啟。這些靈魂觸手的感知範圍就像一扇關閉的窗，只有當強烈的情緒風暴來襲時，這扇窗才會被推開，讓我們看見更深層的靈魂感知世界。

而愛的能量與思念，也能夠形成強大的靈魂共振。有些人失去摯愛後，會在特定時刻聽見對方的聲音、聞到他生前熟悉的氣味，甚至在沒有任何人的情況下，感覺到輕柔的觸碰或溫暖的氣息圍繞身邊。

當活著的一方仍然深深地懷念對方，並且內心充滿愛與連結的渴望時，這股情緒能量會強烈地擴展靈魂觸手，讓兩個靈魂的頻率產生共鳴，進而形成「跨越生死」的感應。

為什麼強烈情緒會打開靈魂感知？其實與「能量場的震盪頻率」有關。當我們的情緒極度穩定、冷靜時，我們的靈魂場頻率是平穩的，靈魂感知的擴展範圍較小，專注於現實世界的感知；但當情緒達到極致，例如極大的悲痛、恐懼、愛或喜悅時，靈魂場會劇烈震盪，這就像是一個封閉的水面突然激起了波浪，使我們的靈魂觸手能夠伸展得更遠、更廣，甚至觸及更高維度的訊息場。

這時候，我們便能夠感知到平時無法察覺的能量，例如逝去親人的靈魂、來自宇宙的訊息、甚至與他人更深的心靈連結。但這樣的開啟通常是短暫的，當情緒恢復平穩時，靈魂場也會回歸正常，靈魂觸手的感知能力也會相對收縮。因此，許多人在親人過世的頭幾個月內，特別容易感應到對方，但隨著時間的推移，情緒能量場逐漸回到穩定狀態，這種感應便會變得不再明顯。

靈魂與身體的關係

靈魂與身體的互動，會影響一個人當下的生命狀態。當靈魂與身體頻率一致時，我們會感覺思想清晰，知道自己要做什麼。精力充沛，身體輕盈而穩定。做事充滿熱情，內在有動力驅動。

有時候，我們會感到精神恍惚、思緒漂浮，像是難以完全「活在當下」，這是因為身體的能量場變得不穩，靈魂的頻率無法完全對齊身體，導致內外不同步。

當靈魂的能量場不夠穩定時，我們可能會感覺失去專注力，做事情容易分心。常常健忘，思緒漂浮不定。感覺與世界「有距離」，難以真正融入當下的生活。

這通常發生在壓力過大、過度消耗自己，或是頻率被外界影響時。當我們承受太多情緒、資訊或環境能量，而沒有適時調整時，靈魂的運作模式會變得混亂，讓我們產生一種「無法落實自己」的感覺。此時，可以透過適當的運動、伸展、靜心，讓身體慢慢與靈魂同步，而不是急著推動自己前進。

靈魂要安住在身體裡，前提是這個身體讓它感到「安全」和「舒適」。如果我們的身體總是處於緊繃、疲憊、不適的狀態，靈魂就難以真正進駐，甚至會出現「靈魂懸浮」的感覺。

靈魂需要的「安全感」不是來自外在，而是來自身體與靈魂彼此的信任。當我們長期壓抑自己、忽視內在需求，靈魂會感到被排斥，導致內在不穩。例如，若我們經常勉強自己去做不喜歡的事，靈魂可能會逐漸與身體疏離，讓人感覺迷失或疲憊。

給自己一個安全的內在空間，允許自己休息、表達、做真正喜歡的事情，這樣靈魂才會願意「回家」，身體環境影響靈魂的停駐。

有些人總覺得自己與身體的關係疏遠，甚至有種「靈魂沒有完全進入身體」的感覺。這可能與過去的經歷、情緒創傷或集體潛意識的影響有關。

身體不只是當下的載體，它還存放著我們的過去經驗與情感。例如，某些動作或姿勢可能會喚起我們的童年記憶，甚至是更深層的靈魂印記。當我們願意重新擁抱身體的記憶，靈魂與身體的連結會變得更深。

善待你的身體，就像照顧一座神殿。不只是「健康飲食」，而是覺知飲食。吃東西時，試著感受食物的能量，選擇讓身體輕盈、有活力的食物，而非讓身體沉重、倦怠的飲食。

睡眠不只是休息，而是靈魂的充電站。每天入睡前，花幾分鐘覺察自己的狀態，帶著放鬆的心情入眠，讓靈魂在夜間能夠補充能量，而非陷入混亂的夢境消耗自己。

讓身體產生流動感，無論是伸展、舞蹈、跑步，或是走進大自然的懷抱，任何能讓能量自然流動的行動，都是邀請靈魂更穩定地安住在身體中的方式。當身體有節奏、有感知地動起來，我們的意識也更容易回到此時此刻，而不是經常感到與自己分離、恍惚或飄忽不定。這些動態的連結，正是身體與靈魂合一的關鍵起點。

覺察自己的獨特頻率，有些人的靈魂能量較輕盈，適合細膩、柔和的身體運作方式，例如瑜伽、太極、冥想。有些人的靈魂能量較強烈，需要透過跑步、舞蹈、搏擊等方式，才能真正感受到自己「活著」。

關鍵是找到適合自己的身體節奏，而不是盲目跟隨外界的健康建議。

而我們身體所居住的物理空間的能量也很重要，靈魂需要一個安穩的場域才能舒適地駐足，居住環境是否乾淨、有流動的空氣與光線，都會影響靈魂的狀態。有時候我們穿上某些衣服或佩戴某些飾品，會感覺特別安心，這可能是因為它們與我們的靈魂頻率相符。選擇讓自己感覺「對」的物品，有助於穩定靈魂與身體的連結。

身體的語言是靈魂的指南

身體的語言是靈魂的指南，但它不是來「抗議」的，而是來「協助」的。

許多人習慣將身體的不適視為一種「警訊」，認為它是在提醒我們某個地方的能量不流通，甚至可能是健康出了問題。然而，如果換個角度想，身體的這些反應或許不是在抗議，而是在提醒我們進行轉化與調整。

我們的身體就像靈魂的「翻譯器」，它用疼痛、疲勞、緊繃這些訊號來與我們溝通，但這些訊號的本質並不是要讓我們受苦，而是幫助我們更深入地覺察自身的狀態，並協助我們與靈魂的頻率對齊。

身體如何協助我們調整能量？當我們的內在有某些尚未處理的情緒、壓力，或是正在經歷靈魂層面的轉變時，身體會成為「緩衝區」，透過特定的感覺來幫助我們適應變化，而不是直接讓我們陷入混亂。

肩頸僵硬：不只是壓力，而是「能量的承接」

當我們感到焦慮、壓力大時，肩頸容易變得僵硬、緊繃？這不只是因為情緒緊張，而是身體正在協助你承載某些無法立即消化的壓力。

當我們承擔了過多的責任，無法馬上釋放時，肩頸會暫時幫我們「存放」這些能量。這是一種靈魂與身體之間的合作機制，讓你有時間去適應，而不是被壓力瞬間壓垮。如果你的肩頸經常緊繃，可以問問自己：「我是否在承擔過多的事情，而沒有給自己喘息的空間？」

腸胃不適：不只是消化系統問題，而是「內在篩選」

腸胃不僅負責身體的消化，也處理我們的「情緒消化」。

當我們面對無法接受的事情，或是與某些人、環境的能量不合時，腸胃會產生反應，就像是篩選系統一樣，幫助我們排除那些不適合自己的能量。有時候，腸胃不適並不是因為吃錯東西，而是因為我們「吞下了」某些不該接受的情緒或觀念。

這時候，可以試著問自己：「我最近是否接受了某些讓我不舒服的資訊或情緒？有什麼事情是我一直強迫自己接受，但其實內心抗拒的？」

反覆頭痛：不只是思緒過載，而是「意識擴展」

很多人認為頭痛是壓力或過度思考的結果，當然在醫學上可以找到進行病理檢查的方法；而以靈媒的角度，我發現有時候頭痛是靈魂的調頻現象。靈魂正在擴展，你的大腦也在適應新的頻率。當我們進入更高層次的理解，開始接觸新的思想或靈性轉變時，大腦需要時間來適應這些新的能量波動。這就像我們的意識頻率正在調整，而頭痛可能是大腦在適應這些變化的過程。

這種情況下，不是要讓自己「停下來不去思考」，而是轉換想法。你可以問自己：「最近是否有什麼新的領悟或轉變？我是否正在學習某些需要時間吸收的東西？」

讓身體不只是「提醒器」，而是你的能量導師。不只是問：「為什麼會這樣？」而是問：「這個感覺，身體正在幫助我完成什麼？」

這種思維的轉變，會讓我們從「對抗身體」變成「與身體合作」。當你開始理解身體的語言，你會發現，靈魂一直在試圖幫助你，而不是與你作對。

靈魂對於物質世界的思念

靈魂如何在物質與靈性之間找到穩定點？

靈魂的本質是高頻能量，但當它進入物質世界時，必須適應較低頻的振動，才能與身體、環境、經驗產生連結。在這個過程中，靈魂會逐漸習慣物質世界的頻率，並與之互動，這不代表它「思念」物質，而是它正在學習如何在這兩種不同的能量層次中找到平衡。

當靈魂進入物質世界，它會因生活經驗而影響自身的頻率變化。例如，在快樂、愛與滿足的狀態下，靈魂的頻率較高，而在恐懼、焦慮與執著中，頻率則會下降。這就解釋了為何有些人在追求物質享受的過程中，內心卻越來越空虛。如果物質需求沒有與靈性的成長同步，靈魂的能量會變得沉重，甚至難以擺脫低頻循環。

然而，靈魂並不需要選擇完全脫離物質世界才能保持高頻，關鍵在於如何享受物質的同時，維持靈魂的振動穩定。當一個人能夠有意識地調整自己的能量狀態，知道何時該專注於現實，何時該向內探索，便能在這兩個層次中找到最適合自己的頻率模式。這就像調音一樣，物質與靈性並不是對立的，而是需要透過調整，讓靈魂在這個世界中運行得更加順暢。

真正的平衡來自於對能量流動的覺察，讓自己能夠在不同的頻率層次中自由切換，而不被任何一端所束縛。

靈魂的真正自由不是擺脫物質，而是駕馭物質。

物質世界充滿誘惑，財富、權力、名牌、房車，這些東西看似滿足我們的需求，但很多時候它們反而變成了束縛靈魂的枷鎖。當我們的快樂取決於擁有多少，當我們的安全感來自銀行存款的數字，當我們的價值感被奢侈品標籤定義，這代表我們已經被物質駕馭，而不是在駕馭物質。

物質是中性的，問題在於你怎麼看它。一台車，可以是代步工具，也可以是身分象徵。當它只是工具時，你擁有它；當它成為你價值的標誌時，它擁有你。

金錢，是能量的流動，可以是創造的工具，也可以是焦慮的來源。當你用金錢提升生活，它是助力；當你用金錢來衡量自我價值，它就變成了束縛。

真正擺脫物質束縛的人，並不是那些住在深山、不再接觸金錢的人，而是那些即使擁有很多，也能泰然處之，甚至在失去時仍能保持內心的平靜與滿足。你的快樂，能否來自於內在的成長，而不只是外在的累積？藝術、音樂、寫作、與人分享知識，這些都是能讓靈魂感到豐盛的事情。

練習感恩，覺察自己現在擁有的一切，當你專注於「我已經擁有什麼」，而不是「我還缺什麼」，你的靈魂就不再被物質世界的缺乏感所操控。

在所有靈魂狀態中，我發現感恩的頻率，是最純粹、最穩定、最高頻的震動。不是喜悅，不是興奮，也不是愛，而是感恩。因為感恩的頻率不帶條件、不受情緒影響，它不像快樂需要外在刺激，也不像愛有時會帶來執著，它是一種完全的接受，完全的滿足，完全的流動。當你選擇感恩，頻率立即提升，你不需要改變現狀，也能在當下找到值得感恩的瞬間。

正向情緒	頻率
喜悅	需要來自外在的刺激，可能起伏不定。
愛	可能伴隨情感依附，若失去對象頻率可能下降。
平靜	需要時間醞釀，不容易瞬間進入。
感恩	只要你願意，一秒內就能提升頻率，而且沒有副作用！

我所見的感恩之光，是一種細緻而閃耀的能量，它不像強烈的白光那樣刺眼，而是帶著飽合的能量，緩緩流動的光粒。這些能量閃爍著微小卻穩定的亮點，像一層層包覆著身體，使整個能量場變得細膩、穩定且充滿活力。

感恩是宇宙能量的流動開關，也是靈魂頻率的純粹共振。宇宙的本質是豐盛的，它不缺乏，也不吝嗇，而是永恆的流動。當靈魂頻率處於「缺乏」狀態時，這股流動被阻塞，能量無法順暢進入。但當你選擇感恩，當你的靈魂發出「我已經擁有，我信任這一切」的震動頻率時，能量流開始順暢，你進入「接收模式」，宇宙的回應隨之而來。

許多人努力吸引正向能量，卻感覺人生依舊停滯，原因就在於靈魂的通道未被打開。如果沒有感恩，就像開著大門卻堵住水管，能量流進來卻無法真正運行。感恩是一種校準，是靈魂與宇宙同步的調頻機制。當你越感恩，靈魂的頻率越純粹，能量場越輕盈，創造力與直覺力自然提升，人生也會開始順流。

當你覺得人生卡住，靈魂失衡，最簡單的方法不是尋找更多外在答案，而是停下來，閉上眼睛，問自己：「我現在能感恩什麼？」即使是最微小的事物——陽光、空氣、一次深呼吸，都能讓頻率調整。當你這樣做，那些原本卡住的事也開始慢慢鬆動，轉變就從這一刻開始。

靈魂習作

如何覺察身體對話，釋放創傷能量？

身體的能量如何影響靈魂光？我們的身體不只是物質，它也是靈魂能量流動的管道。當神經系統中存留著未釋放的創傷能量，這些能量不僅影響我們的身心狀態，也會影響靈魂的光場，讓我們的靈魂頻率無法發揮完整的力量。

如果你的身體有這些狀況，你的靈魂能量場可能受影響：

- **長期肩頸僵硬、胸悶、呼吸淺**↓代表壓抑了過去的壓力，靈魂能量流動受阻。
- **身體經常有無法解釋的疲憊感**↓神經系統過載，靈魂能量在低頻中消耗。
- **遇到某些特定情境會不自覺緊繃或想逃避**↓可能是創傷能量未釋放，影響靈魂光的穩定性。

透過釋放身體的能量，靈魂光會開始回復它的流動感。

練習方法：

- **身體掃描、呼吸釋放**：深吸氣，感受自己的身體，哪裡有壓力或不適？在吐氣時，想像那個部位的能量慢慢擴展，釋放累積的壓力。
- **自然律動、搖擺身體**：當你感覺到某些壓力無法透過思考解決時，試著讓身體自由搖擺，或者輕輕抖動，讓神經系統釋放滯留的能量。
- **接觸大自然，讓靈魂能量重新對齊**：觸摸樹木、讓腳接觸大地，讓大自然的頻率幫助我們的靈魂光場回歸穩定。

內在對話 vs. 身體對話：影響靈魂能量的不同方式

類別	覺察內在對話	覺察身體對話
影響範圍	情緒穩定、靈魂光純淨	神經系統放鬆、靈魂能量流動

影響靈魂的方式	內在語言決定靈魂光的穩定度	身體的能量影響靈魂光的流動
主要方法	改變內在語言模式	透過身體釋放滯留的能量
結果	內心變得穩定，靈魂頻率提升	身體輕盈，靈魂光場恢復流動感

現在就試試看，對自己說一句溫暖的話，然後深呼吸，感受你的身體，看看你的靈魂光是否變得更清晰、更穩定！

靈魂習作

飲食對靈魂頻率的影響

食物不只是身體的燃料，同時也影響著我們的能量場與靈魂頻率。某些食物可以清理、補充與提升靈魂能量，而另一些則可能降低頻率，影響情緒與思維。

適合靈魂滋養的食物：

- **天然未加工的食物：**有機蔬果、堅果、全穀類能提供純淨的能量，不會帶來額外的負擔，如蘋果、藍莓、奇亞籽、糙米。
- **植物性食物：**具有高生命能量，如綠葉蔬菜（菠菜、羽衣甘藍）；發芽種子提供更豐富的活性酶；香草茶能淨化氣場，提高靈魂頻率，帶來穩定與清晰感，如香蜂草、紫蘇。

- **充滿正能量的食物**：透過愛與感恩種植、製作的食物，其能量場更加穩定，如用心烹調的手作餐點、來自家庭農場的有機食品。
- **清潔身體與能量場的食物**：幫助排毒並提升能量流動，如檸檬水、薑黃、椰子水、乳香、薰衣草。

低頻率的食物：

- **高度加工食品（如速食、精製糖、人工添加劑）**：這些食物帶來負面能量，降低靈魂頻率。
- **動物性食品（尤其是高壓養殖的肉類）**：這些食品可能攜帶動物臨終前的壓力與恐懼能量。
- **過量酒精與咖啡因**：容易影響能量場的穩定性，使靈魂頻率變得不穩定。

吃飯前，讓自己靜下來十秒鐘，對食物心懷感恩，就能讓這份食物真正滋養你的身心靈。試試這樣做：閉上眼睛深呼吸，心裡對食物說聲「謝謝」。看著你的食物，感受它的顏色、形狀、香氣，這能讓你的意識與這份食物建立更好的連結，讓身體更容易吸收它的能量。細細品味每一口食物，讓自己真正「吃進去」，不要邊吃飯邊滑手機，讓身體專注於這份滋養的能量，而不是只是機械式地吞下肚。

靈魂習作

「靈魂導向消費法」：讓物質變成靈性成長的養分

很多人追求物質，是因為社會標準、比較心態或單純的情緒補償，而不是出於真正的需求。如果你能在花每一筆錢時，確保這個物質回饋到你的靈性成長，你就能避免「空虛式消費」，讓物質與靈性並存。

買東西前，問自己：「這筆錢是投資靈魂，還是投資表象？」例如，買一本書、參加課程、旅遊探索，這些都是讓靈魂擴展的投資；但如果只是因為別人有而你沒有，那可能是表象需求。

嘗試「高頻消費」，減少「低頻消費」。高頻消費：購買能提升頻率的物品（書籍、旅行、體驗、學習）。低頻消費：衝動購物、囤積不必要的東西、只為炫耀的奢侈品。

「靈魂薪資分配法」——金錢是能量，學會流動才能平衡

金錢本質上是一種能量，它流動到哪裡，決定了你的生活狀態。如果你只用錢來滿足物質欲望，卻沒有讓它成為靈魂成長的助力，那生活可能會變得空虛，甚至讓你陷入一種「賺錢↓花錢↓再賺錢」的無限循環，卻找不到真正的滿足感。

但如果你懂得有意識地分配你的金錢，讓它同時支持物質與靈性的需求，你的生活就會變得更和諧、豐盛，甚至不用刻意追求，金錢也會自然地回流到你身上。當你的金錢流動是平衡的，物質世界不會讓你焦慮，靈性追求也不會讓你脫離現實。

試著將你的收入分成三種能量流動，讓金錢在「物質需求」與「靈性成長」之間找到平衡：

50%——照顧基本物質需求

吃飯、房租、日常生活開銷——這部分的支出讓你的身體有安全感，而靈性成長的基礎，就是讓自己活在一個穩定、安心的環境裡。如果連基本生活都沒辦法維

持，再談靈性提升，可能只會變成一種逃避。

30%—投資內在與靈性成長

學習、進修、靈性課程、體驗新事物——這是讓你的頻率提升的關鍵！錢不只是拿來「用」的，更可以拿來讓自己變得更好。無論是學習新知識、參加靜心課程，還是透過旅行開拓視野，這些都能幫助你更接近內在的豐盛，讓物質真正服務於你的靈魂。

20%—無條件給予，讓金錢流動得更順

捐款、幫助家人朋友、分享給需要的人——這部分是能量流動的最高境界，當你願意分享，意味著你不再被金錢綁住，而是相信「越給予，越豐盛」。這不代表盲目付出，而是讓你的財富不僅僅為自己服務，而是成為更大善循環的一部分。

從今天開始試試看，讓你的錢不只是「花掉」，而是流動在支持你整個人生的軌道上，這才是真正的豐盛之道！

「感恩支付法」——讓金錢保持高頻流動

你有沒有過這種感覺，當錢包裡的鈔票飛出去，或看到帳戶餘額變少時，心裡就湧上一股焦慮，覺得錢又變少了？其實，錢並沒有真的「變少」，它只是換了一種形式，成為你喜歡的樣子存在著。

下次當你付款時，不妨試試這樣對自己說：「這筆錢讓我交換了美好的體驗，感謝它！」不論是買了一杯溫暖的咖啡、支付房租換來一個安心的住處，還是報名了一門課程來提升自己，這些都是金錢轉換成幸福感的過程。

當你這樣做時，金錢不再只是冷冰冰的數字，而是一種能量的流動。當你帶著感恩的心態去支付，這股高頻能量也會吸引更多金錢回到你身邊。

「覺知式物質享受」——讓物質體驗成為靈性修行

很多人以為靈性成長就是「遠離物質」，但真正的智慧是在物質中找到靈魂的體驗。如果你能用「覺知」去享受物質，它就不會讓你沉迷，而會讓你更懂得平衡。

開車、買東西時，練習「當下感知」，觀察自己的情緒是否受物質影響。例如，你開著一輛車，感覺它是一種自由的工具，還是地位的象徵？如果是後者，代表你還沒找到真正的平衡。

旅行時，不只是拍照，而是「體驗空間的能量」。感受不同地方的頻率變化，讓旅程成為靈魂的學習，而不只是打卡炫耀。

「高頻工作法」——讓賺錢的過程也能提升靈魂頻率

如果你的工作讓你感到壓力過大、毫無成就感，那無論你賺多少錢，內在都會覺得疲憊、匱乏，甚至覺得人生只是在消耗自己。但如果你的工作讓你感到快樂、有創造力，甚至能幫助別人，那麼金錢就不再只是「為了生存」，而是成為支持你靈魂成長的力量。

試著每天問自己一個問題：「我的工作是否與我的靈魂價值一致？」如果你的

工作只是為了錢，長期下來可能會覺得內在失衡，甚至有種「活著就是為了還帳單」的疲憊感。試著調整你的工作方式，讓它變成「能讓我成長、幫助他人、發揮創造力」的一種體驗。

1. **工作前，先讓自己進入穩定頻率**：花五分鐘靜心或深呼吸，告訴自己：「今天的工作不只是為了賺錢，我會在其中學習、成長、創造價值。」可以試著用一句話設定當天的能量，比如：「今天，我的工作會帶來滿足感和意義。」這樣一來，工作的起點就不只是壓力，而是穩定與正向的流動。
2. **在工作中，不只是完成任務，而是觀察自己的學習與成長**：如果你的工作是客服，與人對話時，你可以把它視為訓練耐心與同理心的機會，而不是單純的「回覆訊息」。如果你的工作是做銷售，不只是想著業績，而是思考：「這個產品真的能幫助到人嗎？我如何讓對方買得開心？」

當你開始從「我在這份工作中可以學到什麼」的角度出發，你就不再只是機械式地上班，而是讓工作的每一天都成為成長與提升靈魂頻率的機會。

3. **工作結束後，練習感恩，讓金錢連結更有能量**：一天結束時，問自己：「今天這份工作讓我獲得了什麼？」可能是：「我幫助了一位客戶解決問題」、「今天的工作讓我有收入，支持我買喜歡的東西或學習新的技能」。這樣一來，賺錢就不只是「勞動換錢」，而是「能量流動」，當你帶著感恩的心態去工作，不僅收入可能會變多，連工作的機會與順利度都會提升！

靈魂的物質考驗：遇到選擇時，用這三個問題決定方向

在面對物質與靈性的選擇時，可以用這三個問題來檢視：

- 「這件事會讓我變得更自由，還是更受制於物質？」
- 「如果沒有任何社會標準，我還會想要這個東西嗎？」
- 「這是我真正想要的體驗，還是只是短暫的滿足？」

這三個問題可以讓你在面對購物、工作、生活選擇時，更清楚自己的內在需求，讓物質與靈性保持協調。

錢賺得多，不代表你靈魂富有；冥想一整天，也不代表你銀行存款夠撐過下個月。物質不能取代靈性，但靈性也不能當飯吃，平衡點在哪？活得舒服、心裡踏實，這才叫智慧。

「活在當下」很美好，但先確保你房租繳得起。靈性提升不是讓你去深山修行，而是讓你在還房貸的路上，還能帶著覺知、不被壓垮。極簡不是靈性，過度消費也不是快樂。你可以擁有東西，但記住，「東西」不能擁有你。

你是來體驗人生的，不是來當苦行僧，也不是來當奢侈品代言人。玩得明白，才是高手。

靈魂習作

如何找到適合自己的身體節奏與靈魂頻率？

每個人的靈魂與身體頻率都不同，有的靈魂需要細緻的運動方式來維持平衡；有的靈魂則需要強烈的節奏來穩定自身能量。找到最適合自己的身體節奏，能讓靈魂更好地停駐在身體裡，讓我們感受到真正的活力與穩定感。

我們的身體與靈魂一直在給我們訊息，關鍵在於我們是否願意「聽見」。你可以試著觀察自己：

- **晨間 vs. 夜晚能量變化**：你是早晨充滿活力，還是晚上才覺得身體有能量湧現？這決定了你適合的運動類型。例如：早晨活力滿滿的人，可能適合晨跑、瑜伽、伸展。晚上才有能量的人，可能適合舞蹈、夜間散步、冥想來穩定身心。

● **活動後的感受：**哪種活動讓你「更有能量」，而不是更疲憊？若柔和的運動（如瑜伽、冥想）讓你昏昏欲睡，可能你的靈魂能量較強烈，需要更動態的運動來穩定自身頻率。若激烈運動後，你覺得精神更加煩躁不安，代表你的靈魂可能更適合溫和的運動方式來調節能量。

● **呼吸的變化：**當你做某些活動時，呼吸是否變得更加順暢？還是變得急促、壓迫？讓呼吸指引你適合的運動方式，若深長呼吸讓你感覺放鬆，可能你的頻率適合靜態運動；若快速的運動讓你充滿能量，則動態運動更適合你。

運用聲音與節奏來測試自己的頻率

每個靈魂都有自己的頻率，而聲音與節奏可以幫助我們找到最適合的身體流動方式。試聽不同類型的音樂，感受身體的反應。柔和的冥想音樂或高節奏的舞曲，哪種讓你更有活力？

有些人聽慢速、溫柔的音樂會感覺「更安定」，表示靈魂能量偏柔和。有些人則需要鼓點強烈的節奏，才能讓自己進入「覺醒」狀態，這代表靈魂頻率較強烈。

靈魂「醒覺狀態」指的是靈魂意識與能量高度集中的狀態，不一定是指「靈性開悟」，而是指我們的身心靈進入一種極度專注、能量澎湃的狀態，讓人感覺自己完全「在線上」，內外能量一致，擁有極高的行動力與清晰度。

- **靈魂屬於靜態型醒覺者**（內向、溫和、細膩）：每天安排十到二十分鐘靜坐或冥想，讓意識穩定下來。避免過度刺激（如吵雜環境、強烈節奏的音樂），保持內在的寧靜。透過閱讀、寫作、手作等細緻的活動來讓自己進入「心流」狀態。
- **靈魂屬於動態型醒覺者**（外向、能量強烈）：利用強烈運動（如快跑、舞蹈、搏擊）來提升身體與靈魂的共振。運用節奏感強烈的音樂來刺激身體能量，例如電子音樂、鼓聲、搖滾樂。讓自己進入有「高能量場域」的地方，例如音樂會、運動賽事，透過環境的震動來提升靈魂的活力。

用擊掌、踏步甚至舞蹈來測試自己的節奏感

閉上眼睛，輕輕地擊掌或踏步，試試不同的速度，找到最讓你舒服的節奏。這個節奏就是你的身體與靈魂最自然的頻率，你可以在運動時用這個速度來調整你的活動模式。

我們的身體本質上是一個能量場，當身體長期壓抑、缺乏流動時，能量會停滯，導致情緒困住、思維僵化、身體僵硬。當我們開始律動，無論是緩慢擺動、踏步、旋轉，都會讓身體的能量開始重新流動。就像是打開「能量水閘」，讓卡住的情緒、壓力、疲憊感被釋放，恢復身體的自然頻率。不去「控制」自己的動作，而是允許身體自然回應內在的韻律，進而進入更自由的狀態。

所有的動作變得自然，不需要思考就能發生。很多神聖舞蹈，就是採用這樣的方式讓身體與靈魂對頻，或是與自然元素共振，找到最適合你的內在節奏。

透過身體記憶來測試你的頻率

靈魂帶著身體的記憶，而我們可以透過回顧過去的經驗來找到自己的最佳節奏。童年時，你最愛哪種運動方式？奔跑、爬樹、靜靜發呆，還是玩音樂？小時候的本能選擇，通常能反映我們靈魂最原始的頻率。

嘗試不同類型的活動，看看哪個對你來說最自然。花一週時間，每天嘗試一種不同的身體活動，例如：

- 第一天：慢走
- 第二天：伸展
- 第三天：快跑
- 第四天：冥想
- 第五天：跳舞
- 第六天：登山
- 第七天：搏擊運動

記錄下來，哪一天的活動讓你感覺最順暢、最舒服，那就是你的靈魂節奏。

觀察身體的直覺反應，當你看到某種運動時，你的內心是興奮，還是抗拒？如果一種運動讓你覺得「這一定很適合我」，那可能就是你的身體頻率在告訴你，它需要這樣的活動。

靈魂習作

當你的靈魂與大自然共鳴時，身體會告訴你

我們的靈魂會透過身體來與我們對話，當你走進大自然時，身體的反應其實就是靈魂的回應。如果你進入一個場域，突然感覺到身體輕盈、內心寧靜、呼吸變深，那麼你的靈魂正對這個環境產生共鳴，告訴你：「這裡適合你，這裡能夠支持你。」

相反地，當你感到壓迫、疲倦、頭暈或不適時，那代表這個地方的能量與你的靈魂頻率不符，或你還未準備好接收這裡的訊息。閉上眼睛，讓身體去感受周圍的能量，你感覺舒適，還是有一種想離開的衝動？你的呼吸變深，還是變得淺而急促？

- **當你走進山脈／高山，靈魂的回應是什麼？**

身體的回應：呼吸變得深長，有些人會覺得身體麻麻的，感覺自己像是吸收了天地的能量。頭腦清晰，視野變得清楚，思緒開始整理。站在山巔時，心跳加快，能量湧上，彷彿內在有一種力量被喚醒。

這代表什麼？如果你的身體感到穩定、思緒清晰，代表你的靈魂需要「內在力量」與「方向感」，如果你的身體感覺吃力、無法適應，可能是你需要先培養自己的根基，才能承受這股能量。

適合的時刻：當你迷惘、迷失方向，需要穩定內在力量時。

- **當你走入森林，靈魂的回應是什麼？**

身體的回應：呼吸變得輕柔，心跳變慢，身體開始放鬆。肌肉的緊繃感消失，肩膀自然下沉，像是被包覆在安全感裡。走在森林裡時，會有一種「想停下來深呼吸」的衝動。

這代表什麼？如果你的身體感覺寧靜、放鬆，代表你的靈魂需要療癒與平衡。如果你的身體感覺焦躁，可能是你還帶著未釋放的壓力，森林正在提醒你釋放。

適合的時刻：當你壓力過大，需要情緒療癒與內在穩定時。

- **當你站在海邊，靈魂的回應是什麼？**

身體的回應：風吹過時，身體會感覺自由，腳步變得輕盈。可能會想大口呼吸，甚至想喊叫、唱歌，水接觸皮膚時，像是洗去沉重的能量，整個人變得清爽，甚至莫名開心。

這代表什麼？如果你的身體感覺輕盈、自由，代表你的靈魂需要釋放壓力，恢復流動感。如果你的身體感覺緊張，代表你可能壓抑了內在的情緒，海洋正在引導你釋放。

適合的時刻：當你需要釋放情緒、找回內在自由時。

- **當你走進沙漠／草原，靈魂的回應是什麼？**

身體的回應：眼睛自動適應開闊的視野，內心感覺像是「被打開」。呼吸變深，胸腔擴張，思緒變得簡單而純粹。赤腳踩在沙地上，腳底傳來微微的溫熱感，像是與大地相融。

這代表什麼？如果你的身體感到舒適，代表你的靈魂渴望空間與新的視角。如果你的身體感覺不安，代表你可能對未知感到恐懼，需要先建立內在安全感。

適合的時刻：當你想要突破現狀、釐清內心雜念、尋找內在自由時。

裸足接地

大地本身就蘊含著穩定的能量頻率，而我們的身體則像一個「天線」，時時刻刻與環境產生互動。當你赤腳接觸土地，你的能量場會與地球的磁場同步，重新對齊，這種練習被稱為「接地」。

裸足接地有哪些益處？

- **釋放多餘的能量**：現代人長期接觸電子設備，身體可能累積過多的靜電或不必要的能量場，赤腳踩在地面上，能讓這些能量透過大地釋放，恢復平衡。
- **穩定身心狀態**：大地的頻率能幫助調節自律神經，減少焦慮、壓力與疲勞，帶來更深層的平靜感。
- **促進血液循環**：踩在天然地面上，腳底的感官神經被激活，促進循環與能量流動，有助於減少身體僵硬感。
- **提升身體感知力**：當我們穿鞋，會阻擋大地傳遞的細微能量，赤足則能讓我們更直接地感受土地的溫度、質地與能量變化，喚醒身體的直覺。

如何進行接地？

- 選擇天然地面，草地、沙灘、泥土、岩石、溪流等，避免水泥或人工鋪設的地面。
- 赤腳站立或行走，閉上眼睛，深呼吸，讓腳底的感覺回到最自然的狀態。
- 觀察你的變化，感受能量流動，你的身體變得更輕盈？還是更穩重？

雙手抱樹

如果你想更深入地與大地連結，「抱樹」也是一種強大的接地方式！當你抱著一棵樹，你不僅在接觸大自然，還在與一個擁有穩定頻率的生命體共振。樹的根深深扎入土壤，與地球的能量場連結，樹幹則像是一條能量通道，能夠協助我們釋放負能量並獲得穩定的支持。

靈魂的回應，是一種細微的「共振」。但這些微妙的共振，唯有當你留意時，才能真正聽見。靈魂的訊息不會大聲喊叫，它只會透過身體輕輕提醒你。如果你忽略了，這些感受就像一陣風吹過，轉瞬即逝。唯有願意停下來感受，你才能真正聽懂靈魂的語言。

靈魂習作

在日常生活中，讓靈魂與身體同步

身體就像靈魂的「家」，當它被珍惜、被愛，靈魂才會願意長期停留，不會總是處於「準備逃走」的狀態。長期忽略身體，會讓靈魂的能量場變得鬆散；而持續的感謝與照顧，會讓靈魂與身體建立更穩固的連結。在日常生活中還有幾個小重點，可以幫助我們的靈魂與身體同步：

- **練習「慢下來」，讓靈魂跟上身體的節奏**：有時候，我們的身體在做一件事，但心卻飄向別的地方，這樣靈魂的能量會變得分散，難以集中。試著放慢動作，無論是吃飯、走路、洗澡，都專注於當下的感受，這能幫助靈魂真正「回到」身體裡。
- **喚回靈魂的晨間儀式**：清晨醒來後，不要急著起床，而是閉上眼睛，深呼吸三次，感受氣息如何進入你的身體。在心裡輕聲對自己說：「歡迎回來，我的靈魂。」用手輕輕按壓自己的胸口、手臂、大腿，讓身體知道你已經回來了。

● **讓靈魂「被珍惜」的夜間儀式**：睡前感謝你的身體。從腳開始，慢慢按摩每一個部位，同時在心裡說：「謝謝你，腳，今天帶我走過這麼多地方。」按摩雙手時，可以說：「謝謝你，今天完成了這麼多事情。」最後，把雙手放在心臟的位置，深呼吸三次，對自己說：「謝謝你，我的身體，謝謝你，我的靈魂。」也可以閉眼感謝每一個身體部位，如果從上到下尚未說完就睡著也沒關係，下一次從下到上（腳趾謝謝你，今天為我走路……）說一次。

● **透過「氣味」營造靈魂頻率穩定性**：選擇一種讓你覺得安心的氣味，例如檀香、薰衣草、乳香、廣藿香，並在固定時間點點燃（早晨或睡前），讓這個氣味成為一個「提醒」。當你聞到它時，就能讓身心自動進入一種「靈魂回歸」的狀態。靈魂對氣味的記憶非常深刻，當我們固定使用某種香氣，它會變成一種「能量錨點」，能夠讓靈魂快速穩定下來，能量不容易分散。如果你長期容易感到飄忽不定、容易走神，試著每天使用同樣的氣味，這能夠幫助你的靈魂更安住於身體。

靈魂筆記

第三章

人與人之間，靈魂與靈魂之間

靈魂與靈魂之間的連結，不只是物質世界裡的相遇，而是一場能量的共振。無論是我們遇見某個人時感受到的熟悉感，或是與某人心靈相通、無需多言的默契，這些都來自於靈魂層次的互動。靈魂的交流並不受時間、距離的限制，而是透過能量場的共鳴運行。

靈魂之間的互動，遠遠超越我們的五感，它更多是透過頻率、能量流動、靈魂記憶來運行。這些連結可能發生在當下，也可能早在靈魂誕生之前就已經建立。

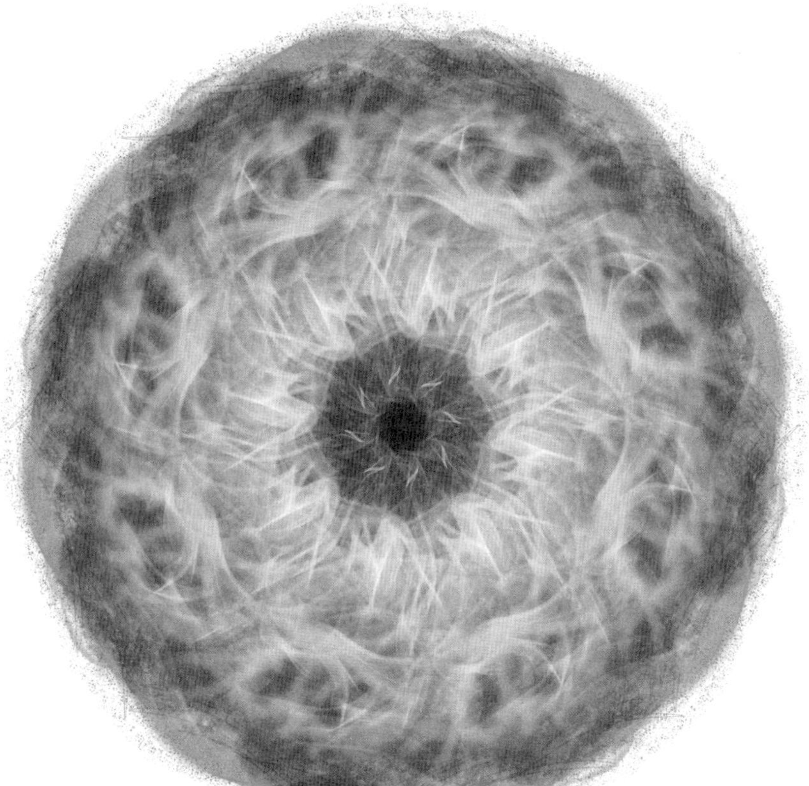

靈魂契約：那些在你生命中「剛剛好」出現的人

當你的靈魂狀態改變時，會感受到自己開始吸引不同類型的人事物。你可以把自己的能量場想像成廣播調頻，當你調在八十八．七，你接收到的是這個頻率的音樂；但如果你轉到一百零一．五，聽到的內容就完全不一樣。同樣地，當你的靈魂頻率改變時，你吸引的人事物也會跟著轉變，因為你已經不在原來的頻段上了。

當你處於低頻狀態（充滿負面情緒、焦慮、害怕、怨恨），會發現身邊常常出現抱怨、不順，甚至消耗你能量的人。當你開始提升自己（學習、成長、療癒內在傷口），那些帶來混亂或讓你內耗的人可能會自然而然遠離，而新的、有正向影響力的人會慢慢靠近。

有些人來陪你一段路，但不代表要走一輩子，不需要強求留下任何人，因為真正與你對頻的人，會自然留在你的生命裡，不需要努力去維持。有些人是「過客」，有些人是「長期旅伴」，不管誰來誰走，這都是靈魂的自然流動。

很多人說「冤親債主」來討債，但靈魂之間的關係，不是誰虧欠誰，而是彼此成就。有時候，你以為某個人來折磨你，但換個角度看，他是在幫助你突破限制，讓你變得更強大。同樣地，你也可能是對方生命中的關鍵人物，推動他成長、幫助他經歷一些必要的轉變。

有些人進入你的生命，不是偶然，而是在來到這個世界之前，你們的靈魂就已經約好要彼此陪伴、學習、成長。這就是靈魂契約——一種靈魂之間的承諾，讓彼此在這一世相遇，幫助對方完成某些學習。

家人往往是最深的靈魂學習場。你是不是曾經想過：「為什麼我會投生到這個家庭？」可能你的父母給了你最深的愛，也可能他們帶來了最艱難的功課，但無論如何，他們的出現，都是你的靈魂選擇的。有些孩子來到這世上，是為了療癒家族的能量場，有些則是來突破舊有的家庭模式。

而朋友、知己常是陪你走一段的靈魂夥伴，有些朋友初認識就有一種天然的默契，這些朋友可能在某個重要的時期出現在你生命裡，幫助你度過某個關卡，或者給你帶來新的視角。但也有些朋友，曾經是你生命中最重要的人，後來卻漸行漸遠，這是因為你們的靈魂契約已經完成了，彼此該走的路不同了。

至於那些讓你受傷的人，其實是推動你成長的靈魂。這些人不一定是來害你的，而是來「逼你成長」。有些人是來提醒你學會界線，有些人則是讓你學會放下不值得的關係。這些靈魂契約並不是永遠的，當學習結束，這段關係自然會轉變或結束，不需要強求。

靈魂的頻率其實和時間線有關，你現在的狀態、選擇，甚至是內在的改變，都會影響你會遇見誰，或者何時遇見某個人。

有些人，你的靈魂知道「總有一天會遇見」，但如果你還沒進入對應的頻率，這個人可能就一直沒出現在你的生命中，或者擦肩而過卻沒有真正連結。但當你的頻率對上，當你進入那條時間線，那個人就會「剛剛好」出現在你面前，彷彿世界已經為這場相遇鋪好了路。

生活裡開始出現跟這個人相關的「巧合」。他的名字、生日、家鄉，甚至某些關鍵字，開始不斷出現在你周圍。你可能在不同地方看到類似的場景、聽到類似的音樂，甚至身邊開始有人提起這個人。你們可能本來互不相識，卻在某一天「剛好」出現在同一個場合，或產生讓人驚訝的交集。這些人可能不會陪你走一輩子，但當下的連結極為強烈。

有些關係來得快，去得也快，但在相遇的那一刻，靈魂像是瞬間被點燃，那種能量的碰撞，不是一般的緣分能解釋的。這可能是一場「電光火石的相遇」，帶來深刻的影響，甚至改變你往後的選擇。即使這個人沒有在你生命中待太久，你仍然會記得這場相遇，因為它帶來的是靈魂深處的震盪，而不只是表面的關係。

簡單來說，這些「突然出現」的人，不只是某個偶然的緣分，而是你的靈魂已經進入了一條新的時間線，這個人，就是這條路上的標誌。

當靈魂對頻時……

當兩個靈魂相遇，其能量頻率相近時，就會產生共鳴，形成一種無需多言的連結，這就是「對頻」。而當兩個靈魂的能量場調整到相同的頻率時，就能夠輕易理解彼此，形成深層的靈魂共鳴。對頻的關鍵特徵有以下幾點：

- **能量流動順暢，感覺輕鬆自在**。當你與某人相處時，若能量流動自然、沒有壓力，甚至感到內心被滋養、充滿力量，這就是一種頻率相合的體驗。相反地，若你總是感到疲憊、被消耗，可能就是頻率不合的訊號。
- **有共同的價值觀與人生觀**。雖然個性和背景可能不同，但對頻的靈魂通常對世界有相似的理解，對生命有相近的態度。這種共同的核心價值，使彼此能夠相互理解，即使偶爾意見不同，也能彼此尊重和學習。
- **交流後能量提升，而非被消耗**。當你和一個對頻的靈魂交流時，你會覺得靈感湧現、情緒提升，甚至能從對方的分享中獲得啟發。而與不對頻的人相處，可能會感到疲累、壓抑，甚至無法自在做自己。

- **相遇時感覺「好像在哪裡見過」**。有時候，對頻的靈魂會在初次見面時，產生一種「一見如故」的感覺，彷彿曾經在某個時空已經相識。這可能是靈魂記憶的浮現，也可能是彼此的能量在無形中早已連結。
- **彼此的出現促進靈魂成長**。真正對頻的靈魂夥伴，會在你的生命中帶來學習與成長。他們可能鼓勵你走出舒適圈，激發你的潛能，甚至在某些時刻給予你重要的靈性指引。而不對頻的人，則可能讓你陷入低能量狀態或過度消耗。

如果你想吸引與你共鳴的靈性家人，你需要先讓自己的頻率穩定，調整到與真正適合你的靈魂夥伴匹配的狀態。保持開放的心態，願意接受宇宙的引導，而非固守舊有觀點。

遠離讓你消耗的關係，觀察你的人際圈，學會斷捨離低頻關係。多接觸積極、樂觀、有啟發性的人，讓自己的頻率與高頻能量場對齊。

傳遞愛與善意，當你散發善意與愛，你就會吸引同樣的人來到你的生命中。

當你成為自己靈魂最純粹的樣子，真正對頻的靈性家人，就會自然地進入你的生命。

這輩子的家人，最深的靈魂契約

家人是最深的靈魂契約，也是無法斷裂的能量連結，是我們生命中最早相遇的靈魂，但往往也是最難理解、最難擺脫的連結。

「家人」這個詞，不只是指表面上這輩子的父母、兄弟姊妹、祖先，而是一張錯綜複雜、跨越時空的靈魂網。這些靈魂與我們曾在許多不同的時間線中相遇，他們可能曾經是你的戀人、老師、仇人，甚至是你的孩子，然後在今生，他們成為你的家人。這些關係不只是血緣，更是靈魂的契約與業力的延續。

在我的靈視能力中，我看到家族能量就像一張巨大的絲線網，無論你多想掙脫，這些絲線都會牽引著你，直到你學會靈魂該學的課題。有些人天生與家人親密無間，這代表著靈魂間的契約是愛與支持；有些人則從小就與家人處於對立狀態，這代表著這條絲線裡藏著過去的業力與未完成的學習。

有些人一生都掙扎於家族的能量場，即使搬到地球的另一端，還是會受到影響。這是因為家人的能量頻率不只存在於現實層面，而是與你的靈魂層面相連。

舉個例子，我曾看過一名男子與母親的關係極度緊張，母親無論如何都要控制他的人生，讓他痛苦不堪。我進入他的靈魂頻率場時，看到一條粗重而扭曲的能量線，像鎖鏈一樣纏著他的靈魂。這條線不是今生才形成的，而是在某一世，這名男子曾經是母親的守護者，發誓永遠保護她，直到她解脫。

然而，這一世母親仍帶著那股能量，要求他「永遠不能離開」，而男子則在掙扎，試圖擺脫這股牽引力。這樣的關係，就是靈魂頻率與時間線交錯的結果。

在人類世界，我們認為父母選擇生下孩子，但在靈魂世界，其實是孩子選擇了父母，甚至是整個家族的能量場。在投胎之前，我們的靈魂已經決定了這一世要在哪個家族中學習、成長、修補過去未結束的關係，或是帶來家族的轉變。

並不是所有家人之間的關係都是和諧的。有些人投生到充滿愛與支持的家庭，這意味著這一世的家族關係是來滋養與穩固靈魂的。但有些人出生在破碎、冷漠，甚至充滿虐待的家庭，這並非懲罰，而是靈魂自己選擇了這條艱難的道路，來清理家族的業力，或者突破過去未完成的課題。

我曾經靈視過一位個案，她告訴我，她從小就覺得自己跟家人格格不入，父母對她冷漠，她總覺得這個家不屬於她。當我深入她的靈魂頻率時，我看到在幾百年前，她曾經是家族中的一位祭司，她的父母在那一世是那個家族的成員，因為嫉妒和害怕她的能力，而將她流放。這輩子，她的靈魂再度回到這個家族中，試圖療癒當時的關係，但她的父母仍然帶著有成見的內在能量，導致她始終無法感受到家的歸屬感。

家族關係的靈魂連結

我們出生在一個家庭，表面上看起來是父母、手足、孩子的關係，但在靈魂的眼裡，這些關係是由一條條看不見的能量絲線所串連。

每一個家庭成員，都像是一個能量節點，彼此之間的互動、情緒、記憶，會在這些節點之間產生能量流動。有些流動輕盈、溫暖、有愛；有些則黏稠、緊張、反覆卡住。

這些「家族能量狀態」，其實反映出家庭靈魂系統目前的進程。四種常見的家人能量狀態，你有感覺過哪一種？

- **高頻共振型：一起成長、彼此滋養。**溫暖、穩定、彼此有支持感。這種家庭成員之間的能量是流動的，就算有衝突，也能回到愛的狀態，相處起來有安心感。家裡氣場輕盈，互相理解，有支持夢想、追求成長的動能。通常來自靈魂層面相熟的「靈性家族」，這種能量是非常珍貴的，代表你們的靈魂已經合作多世，有很好的頻率配合。

- **靜態停滯型：表面和諧，內在疏離**。冷冷的、不動的，但也不衝突。很多家庭看起來沒事，但實際上成員之間缺乏真實連結。這種能量像是冰凍住的水，看起來安靜，實則沒有人願意真正表達或靠近。很少真正溝通，很多事「不說也懂」，但「都沒說」，彼此之間有距離感，有時像室友而不是家人，靈魂之間可能還未開啟真正的學習關係，這種狀態可能需要某個成員先開始改變頻率，讓整個家族能量開始流動。

- **能量衝突型：業力輪迴的延續**。情緒起伏劇烈、常常衝突、說不到三句就吵架。這代表靈魂之間有深層的業力課題未解決。可能前世曾有對立、未完成的關係模式，這一世再次重演，只是換了角色。關係中有「你總是不了解我」的缺憾，有支配與依附、控制與反抗的能量循環。很容易引發內在小孩的情緒反應（被否定、被拋棄等）。雖然辛苦，但這類家庭往往是靈魂安排來推動「覺醒與療癒」的劇情。

- **業力轉化型：有人開始改變，能量開始鬆動。**一開始很卡，但某個人改變之後，全家氣場慢慢變化。這是很多走上靈性成長之路的人會經歷的情況。當你開始療癒自己、提升頻率，你的改變會像漣漪一樣，慢慢影響整個家族能量場，家裡的互動不再像以前那樣對立。老一輩開始變柔軟、年輕一代更有力量。這就是「家族業力解鎖」的起點，也常常是靈魂願意為整個家族做出奉獻。靈魂不僅是個體學習，也常以家族為單位來進行集體成長。因此，許多家族成員間會有共同的課題，這些課題可能來自累世的經驗，也可能是靈魂選擇的集體挑戰。

家族中的「愛與接納」課題

有些家族之間的課題，與愛與接納有關。例如，某些家族成員之間，彼此難以表達愛，或者愛的方式帶有強烈的控制與批判。這類家族的靈魂課題，往往是學習如何真正無條件地愛彼此，而不是以條件來交換愛。

小茹從小在單親家庭長大，媽媽非常辛苦地把她帶大。但媽媽總會說：「我為了妳犧牲這麼多，妳一定要聽我的，才對得起我。」

當小茹想去念設計系，媽媽說：「那沒前途。妳應該考公職，才是孝順。」小茹內心很矛盾：她知道媽媽愛她，但這愛卻讓她無法做自己。她開始討好、壓抑、甚至否定自己，只為換來媽媽的認可。

靈魂裡學習的是：「真正的愛，不是用控制綁住你，而是願意放手讓你成為你自己。放下對愛的掌控，讓愛真正流動起來。」

家族中的「財富與安全感」課題

有些家族歷經多世的貧困與生存挑戰，這一世的家族成員，可能會面臨對財富的恐懼，或者在金錢與安全感上有很深的議題。某些家族的靈魂選擇在這一世轉化這種能量，學習如何創造富足與穩定。

小雅來問財運。她有穩定工作，也很努力，但就是存不了錢，常常錢進來沒多久就「莫名其妙」用掉，還會遇到投資失利、借人錢被倒帳的狀況。她苦笑說：「我真的不是懶，也不亂花錢，可是好像就是無法穩穩有錢。」

她來自一個三代貧困的家庭。祖母是農婦，爸爸是從小打工養家的長子。這個家族的能量場長期處於生存焦慮、儲蓄欲望與匱乏信念的震動中。

於是我問她幾個問題：「妳對有錢人會不會有潛意識的反感或不信任？當妳存下一筆錢時，內心有沒有一種罪惡感，像是不該過太好？妳小時候有沒有常聽到家人說：錢很難賺、不要亂花錢、富人都自私？」

她聽完眼淚就掉下來。因為她忽然明白——她不是財運不好，而是家族潛意識還卡在「富足＝危險／虧欠別人／會被討厭」的頻率中。這樣的人，其實是家族的轉化者、能量的橋樑。

靈魂裡學習的是：「我允許自己擁有超越家族記憶的富足，並且仍然深愛我的家人。」

家族中的「健康與療癒」課題

某些家族成員，可能世世代代都面臨某種健康問題，這可能來自於家族能量場的影響。有些靈魂選擇進入這樣的家族，可能是來成為療癒者，幫助這個家族釋放這種能量。

阿芸來問健康，她說自己常年有胃痛、胃酸逆流的問題，檢查也看了很多醫生，吃藥雖然能緩解，但只要壓力大、回到家鄉，就特別容易復發。她說自己「總是吃不下、很容易焦慮」，且這個毛病她媽媽也有，甚至外婆也有腸胃方面的毛病。

這是一個三代都把情緒吞進肚子裡的家族。外婆那一代很苦、不能說委屈；媽媽那一代為了撐起家庭，壓抑自己；而阿芸，是這一代最敏感、最有療癒能力的人——她的身體在「替整個家族表達情緒」。

當我請她靜下來，感覺「胃裡的壓力感」，她突然哭了，說：「我從小就覺得很多事不能說，會讓人擔心。」她忽然明白：胃不只是她的器官，是她家族壓力與情緒的儲藏室。

阿芸的靈魂選擇進入這個家族，不是要重複祖輩的壓抑，而是要打開那個說不出口的情緒門，讓這個家族學會表達、釋放與愛自己。

她不是「身體不好」，而是靈魂敏感，正在帶領這個家族往健康靠近。

靈魂裡學習的是：「我感謝我的身體提醒我去釋放壓抑的情緒，我允許自己不再承擔整個家族的痛苦，我願意用愛來療癒我們所有人的身體與情緒。」

當我們開始覺察家族的靈魂課題，我們就能有意識地轉化這些模式，而不再被它們束縛。

有時，我們和某些家庭成員的關係就是「特別複雜」——像是和父母從小對立，或跟伴侶總是愛恨交織。這些關係不是偶然，而是靈魂之間過去未完成的能量，在這一世重新交會，目的是為了業力的平衡與靈魂的學習。

親子關係中的業力平衡

有些孩子與父母的關係帶有強烈的業力，例如某些孩子一出生就與父母產生嚴重的對立，這可能是過去世曾經發生過角色顛倒的業力調整。

小宇從小跟媽媽關係緊張，才五歲就很「反叛」，媽媽怎麼說他都唱反調。媽媽很愛他，但又很心累：「為什麼我的孩子這麼難帶？」

在一次靈性探索中我們看到：在過去世，媽媽曾經是小宇的僕人，而那一世的小宇，是一位有權勢卻情緒控制欲強的貴族。他曾經對媽媽（那世的僕人）非常嚴厲，甚至不允許她有自己的想法。

這一世，靈魂選擇角色互換——孩子變成了被約束、管教的一方，這不是懲罰，而是讓他的靈魂學習「被限制是什麼感受」，而母親的靈魂也在學習「設界線，學會真正的愛而非委屈自己」。

婚姻與伴侶關係的業力平衡

有些伴侶的關係，充滿難以解釋的吸引力與衝突，這可能來自於過去世的情感糾葛，靈魂希望透過這次的相遇來完成業力的清理。

小萱來問感情，她說自己和老公的關係「說不上來」，既不是大吵大鬧，也不是恩愛甜蜜，但就是有種剪不斷、理還亂的黏著感，分手也分不掉。

我看到過去的一世，她和現任老公曾是一對相愛但充滿背叛與傷害的戀人，那一世他拋下了她，而她選擇了自我了斷。這一世，他們的靈魂又選擇再度相遇，目的是：「不是為了重演傷害，而是為了學會寬恕、放手與真正的愛。」

所以他們的關係看起來「有一種說不清的牽絆」，但其實是靈魂之間的契約：完成上一世未解除的心結。

親密關係中的靈魂連結

親密關係，從來不是「剛好遇見了誰」。而是你靈魂早在來到這一世之前，就已經決定好——「這一生，我想和你一起經歷點什麼」。

你們不是第一次相遇。也不會是最後一次。你也許沒說出口，但當你看見他的眼睛，心裡那個聲音早就響起了：「我記得你。」

在降生之前，我們都寫好了一份靈魂劇本。而親密關係，是劇本裡最高潮、也最深刻。不是每段關係都會讓你開心。有些關係是為了讓你學會怎麼愛，怎麼被愛；但有些是為了看見還有哪裡沒放下，哪裡還在逃避，哪裡還沒真正成為你自己。

有些人是來陪你走的。溫柔，踏實，像港灣。有些人是來推你醒的。逼你成長，像火焰。還有一些，是來帶著你過去沒說完的話、沒結束的情、沒放下的傷。

所以你問我，為什麼愛那麼痛？我會告訴你：痛，不代表你愛錯人。只是你靈魂選擇了一位會讓你快速蛻變的老師。也許不溫柔，也許不長久，但他／她是你蛻殼前的風暴。

親密關係，是一面鏡子，一道門，一場覺醒。到最後，這段關係會讓你學會怎麼不再從他人身上找完整，怎麼在愛裡保有自己，怎麼在放手裡，依然心存溫柔。

靈魂伴侶：支持與陪伴的靈魂夥伴

靈魂伴侶不是為了填補我們的空缺，而是陪我們一起成為完整。他們可能以摯愛的形式出現，也可能只是短暫同行的朋友或同伴。但你會知道，他們是「懂你靈魂的人」。

和靈魂伴侶的關係，沒有戲劇化的追逐與分離，也沒有雙生火焰那種撕裂與挑戰。相反地，他們像是你旅程中的「穩定點」，在你懷疑自己時，幫你記得你是誰。而靈魂伴侶的特徵有以下數點：

- **他們出現時，你正處於「準備好共同成長」的時間點：**靈魂伴侶不會在你最混亂、還沉溺時出現。他們通常出現在你已經開始內在覺醒、有意識走在靈魂路上的階段。因為你們的頻率需要夠穩，才能形成「同頻共震，而非彼此拉扯」。

- **彼此靈魂的進度與課題互補，卻不相互依賴**：很多人以為靈魂伴侶就是「我們一模一樣」，但其實不是。你們的靈魂進度通常不同，但剛好能互補——一方擅長行動，一方懂得覺察；一方腳踏實地，一方心靈敏感。但關鍵在你們不試圖改變彼此，也不過度依賴彼此。彼此陪伴，但也都能好好一個人走。
- **靈魂之間的能量場是「擴展式」的**：當你跟靈魂伴侶在一起，你會感覺自己變得更大、更自由，而不是被限制或困住。他們的出現不會讓你焦慮、疑神疑鬼、不確定自己是不是被愛，因為那份愛是清澈的、不帶條件的。你會想成為更好的自己——不是因為你「不夠好」，而是他們看見你靈魂的光，讓你也想點亮它。
- **是「你靈魂的記憶倉庫守門人」**：很多靈魂伴侶在更高維度的視角中，是幫你守住你靈魂記憶碎片的人。你可能一度忘記自己是誰、經歷靈魂斷裂或創傷，而這個人出現，是來幫你撿回那些碎片。也許他只是講了一句話、給你一個眼神，就讓你突然想起自己的曾經。

靈魂伴侶不一定要「走到最後」，有些只是走過一段生命旅程，但他們留下的影響，會是你一輩子都記得的。這段關係也許只是幾個月、幾年，甚至只是網路上的一段交流，但那個人出現後，你就不再一樣。

某位來訪者與丈夫的關係一直很和諧，雖然不是充滿激情的愛情，但兩人總能彼此理解，給予對方空間與成長。他們的感情穩定、成熟，能夠在生命的旅程中相互支持，彼此間幾乎沒有大的衝突。

我發現她與丈夫過去世曾是同一個修行團體的夥伴，這一世，他們選擇以伴侶的方式相遇，彼此支持，一起完成靈魂的旅程。

靈魂伴侶的關係，是來陪伴我們穩定成長的，而不是來挑戰我們極限的。

業力關係：帶來深刻功課的靈魂契約

你有沒有遇過那種關係——強烈到讓你無法抗拒，但又痛得讓你懷疑自己是不是瘋了？那種一靠近就燃燒，一遠離就撕裂的情感？這可能不是愛情故事，而是一段業力契約的開場。

靈魂在每一世的旅途中，會累積許多未完成的情感、誤解、失落與承諾，這些沒有被清理的「能量殘留」，會以業力關係的形式，在未來的時間線中再次上演。業力關係的靈魂語言是：「這次，換你來體會我的感受。」

靈魂是公平的。不是報復，而是理解。幫你穿越舊模式、回到愛的本質。而業力關係的特徵如下：

- **初期強烈吸引**：像電流穿過靈魂的碰撞，彷彿這輩子就是為了他／她而來。靈魂認出了彼此的頻率，像磁鐵一樣靠近。
- **情緒大起大落**：愛與恨之間沒有緩衝，今天想擁抱，明天想逃跑。你發現自己變得不像自己，甚至陷入某種情感上癮。

- **控制與依附交錯**：這段關係總是在拉鋸，一方逃跑，另一方追逐。你不是不想離開，而是離不開。
- **重複相同的情節**：就算分開了，下一任還是上演類似的劇本，像是在經歷同一段關係的翻版。

這些劇情背後，你不是「愛錯人」，你只是愛上了一段該被理解、轉化、放下的過去。

有一位來訪者總是在戀愛中遇到「消失型伴侶」，關係一旦變得親密，對方就忽然變冷、疏離，甚至斷聯。這樣的模式她經歷了三段感情，痛過、努力過，想放下，但始終繞不出去。

我看到她一段過去世的經歷：她曾是一位身分地位高的女性，而那世的戀人，對她愛得深沉、毫無保留。但在那一世，她因為權力與恐懼選擇離開，留下對方孤單而崩潰。這一世，他們的靈魂再次重逢，但角色互換——這次，輪到她體驗那份被遺棄的撕裂與空洞。

當她明白這一切不是她不值得被愛，而是靈魂安排讓她「回到自己、學會安全感」的路徑後，她開始改寫內在模式，不再追求救贖，而是學會給自己穩定與價值感。幾年後，她自然地吸引了一位真正願意「留下來」的伴侶。

業力關係的目的，不是折磨彼此，而是幫助靈魂清理未完成的課題，當我們學會這段關係的功課，它自然會轉化或結束。

雙生火焰：靈魂的覺醒與整合

雙生火焰被認為是靈魂的一體雙生，兩個靈魂本質相同，但分裂成兩個個體，帶著不同的課題與能量，最終再度相遇，進行整合。

這類關係通常強烈，帶來深刻的自我靈魂覺醒，但也可能充滿挑戰，因為雙方都需要完成個體的靈魂進化，才能真正融合。

這段關係可能經歷「合一—分離—再合一」的過程，兩人需要各自成長，才能最終穩定地在一起。對方是你最強大的靈魂鏡子，讓你看到自己的陰影與盲點，促使你蛻變與突破。

某位來訪者與她的伴侶有極深的靈魂連結，他們在彼此生命中的出現，帶來了劇烈的轉變。當他們在一起時，能夠感受到極強的靈魂共鳴，甚至能「讀懂」彼此的想法，但同時，這段關係也帶來極大的挑戰與成長。

後來，他們經歷了一次分離，各自去療癒自己的內在傷痛。數年後，他們再次相遇，這次的連結變得更加穩定與成熟，因為兩人的靈魂已經完成了成長與整合。雙生火焰的相遇，通常不只是為了愛情，而是為了靈魂的進化與覺醒。

當一段關係讓你崩潰時，先別急著逃走。試著問問自己：「這段關係，是要我學會什麼？」靈魂從不白痛，每一次觸動背後，都藏著一個成長的邀請。

靈魂共鳴，是可以感覺到的。不用強求、也不用懷疑，跟那些讓你感到平靜、真實、不用偽裝的人在一起。他們是你靈魂旅程中真正的同伴。

最後請記得：你經歷的每一段關係，不論甜蜜還是撕裂，都是你靈魂自己選的劇本，目的只有一個：讓你更靠近真正的你。

愛情和友誼的靈魂線

我常常「看見」靈魂與靈魂之間如絲線般的連結。這些線，有時厚重、有時細緻，有些纏繞，有些則輕盈飄動。特別是在愛情與友誼中，那些靈魂牽引的線，透露出截然不同的能量與功課。

愛情中的靈魂連結

能成為伴侶通常表示在過去世就已經有深刻因緣。他們彼此之間簽下了靈魂契約，約定今生要再次相遇，幫助彼此面對尚未完成的功課。在我眼中，這種靈魂線通常是濃烈而交織的，充滿了牽掛、考驗與轉化的能量。

- **業力伴侶靈魂線的樣子**：我看見這類靈魂之間的線，如同濃墨般深色的鐵索，厚重、交纏，有些甚至斷裂後又重新連接，看得出多次生死輪迴的牽引與未完成的事。能量震動是不穩定的高低起伏，彷彿兩人之間不斷在吸引與推開的循環中反覆。這類伴侶的出現，多半是為了清理過去的業力債務、拆解不健康的情感模式。他們不一定會「一直留在你身邊」，但一定會「激起你內在的火山」。

- **療癒伴侶靈魂線的樣子**：我看見他們之間的線是半透明的粉光絲線，柔軟、包覆淡淡的顏色，帶著安撫與照顧的能量。這些線不緊不鬆，剛好能承載彼此的傷口與眼淚。他們的能量頻率是溫和且有層次的波動，會在你最需要支持時，穩穩地牽住你。這段關係很可能只是一個階段，讓你在破碎後重新拼回自己，學會感受愛、也學會放手。
- **靈魂伴侶靈魂線的樣子**：這樣的靈魂線通常是銀線，細緻卻很堅韌，閃著柔亮的光。它不是一條，而是像光網般交織延伸，不止在兩人之間，也延展向靈魂共同行進的方向。能量震動非常穩定，讓兩人之間的每一次對話、互動，都是成長。這類靈魂伴侶，沒有控制與依附，有的是尊重、共鳴與共同走在靈性道路上的使命感。不是燃燒彼此，而是照亮彼此。

在我看來，這三種愛情靈魂線之間沒有「高低階級」，只有「靈魂此生所需」。如果你願意靜下心傾聽靈魂的聲音，會發現每一種靈魂線的出現，都是愛的顯化，只是形式不同，功課各異。

友誼中的靈魂連結

在我靈魂觀看的世界裡，除了愛情線的濃烈與糾結，也有另一種更輕盈卻不失深刻的能量，那就是友誼中的靈魂線。

相比愛情的強烈吸引與高頻起伏，靈魂之間的友誼線則顯得清澈、溫柔、透明。這類靈魂連結更像是一道靜靜流動的光，無聲無息地支持彼此，但從未缺席。它沒有綑綁，卻能穿透時空；它是輕盈的，但絕不淺薄；它是安靜的，但同樣深刻。

有些朋友，與我們沒有血緣，卻像家人一樣重要，這些朋友通常是我們靈性家族的一員，來到這一世，與我們共同經歷生命的旅程。

靈魂共鳴的朋友，彼此相遇後，靈魂變得更加完整。這類朋友可能是我們人生的指引者，總能在關鍵時刻出現，帶來啟發與幫助。無須過多言語，便能理解彼此，即使不常聯繫，彼此的能量仍然互相支持，當需要幫助時，總能剛好出現在對方面前。

這些朋友可能有共同的靈魂使命，他們有類似的靈性興趣、價值觀，甚至可能在前世曾經是同一個修行團體、戰友、兄弟姊妹。他們陪伴但不束縛，真正的靈魂友誼，不是綁住彼此，而是讓彼此自由成長，無論距離遠近，靈魂的連結都不會消失。

在我的生命裡，也曾遇見這樣一位靈魂朋友。

最初的相遇，就有一種說不出的熟悉感，好像靈魂彼此早已認得對方，只是這一世，再次以「朋友」的形式重逢。

我們不常聯繫，但每一次的對話總是深刻。她總能在我內在動盪、需要整理能量時，提醒我回到本源。不是說教，也不是分析。

在靜心連結之後，我看見，在某個過去世，我與她曾經是靈性實修的夥伴，我們一起行走在山林中修道學法，那一世，我們彼此立下約定：「下一次相遇，如果我們都還記得，就繼續一起走一段。」而我們做到了。

她不屬於我的愛情線，也不在我的家庭脈絡中，但她的存在，讓我的靈魂更完整。我們彼此沒有擁有對方，但我們都真心地希望對方活出靈魂本質的樣子。

這樣的關係，無需刻意維繫，卻永遠不會失聯。因為那條靈魂的線，是當初我們自己織起的。

靈魂知己的出現，就是那份提醒。不一定長久待在你身邊，但一定在你最需要的那刻出現。是我們靈魂旅途中的燈塔、休息站。

何謂「靈性家人」？

有些人，第一次見面就像認識了好幾輩子；有些人，即使身處不同國家，卻能心靈相通。這或許就是靈魂共鳴的結果。

靈魂之間的共鳴，來自於頻率的匹配。當兩個靈魂的能量場相近時，會產生一種難以言喻的熟悉感，就像回到「靈性家族」之中。這種連結，不一定是家人、戀人或朋友，而是靈魂在更高層次上的親密夥伴。

為什麼我們會遇見「靈性家人」？每個靈魂都有獨特的頻率震動。當兩個靈魂的頻率相似或互補時，便會產生「共振現象」，這種共振讓我們在見到某些人時產生一些莫名的感受。

你們的靈魂可能在過去的某一世：是家人，曾經一起經歷過生命的悲歡離合。是朋友或戰友，在某個時空裡攜手並肩，面對挑戰。是導師與學生，曾在靈性道路上相互學習與啟發。是靈性同修，曾經共同修行的夥伴。

雖然肉體會改變，但靈魂的能量關係不會消失，當你們再次相遇，便有那種「你讓我覺得安心，像回家一樣」的感覺。

促進靈魂蛻變的相遇

有些靈性家人，並不是來給我們安慰與陪伴，而是來讓我們成長的。他們可能帶來愛、療癒、挑戰，甚至是讓我們跌入人生低谷，但這一切，都是靈魂契約的一部分，目的是促進我們的靈魂蛻變。這裡我舉兩個案例來說明。

案例：分離與失去，讓人學會獨立

小芬來問事，問的對象是一位長期陪伴她的摯友。這位摯友一直是她人生的支柱，當她迷失時給予指引，當她受傷時陪伴左右。但突然間這位朋友決定斷絕聯繫，毫無預警地離開了她的生命。

小芬感到痛苦與困惑，來詢問這段關係的意義。在靈魂層面來看，這位朋友並非「背叛」，而是按照靈魂契約在執行「離開」的任務——讓女孩學會獨立，不再依賴他人來確認自己的價值。這是靈性家人之間的「觸發」，幫助靈魂成長，即使這種成長過程伴隨著痛苦。

案例：敵人也是靈性家人，來幫助清理業力

阿明告訴我，他曾經以為職場的成敗取決於能力與努力，但後來才明白，有些人無論再怎麼努力，似乎都無法獲得認可。

這些年來，他兢兢業業，卻在最高的關鍵點，遇見了他的「宿敵」——他的直屬上司。這位上司總是在人前刻意打壓他，將他的功勞歸給別人，在會議上公開質疑他的決策，甚至在升遷考核前，冷冷地說：「你還沒準備好。」

阿明咬牙忍受，更加努力，結果卻沒有任何改變。這位上司依舊毫不留情地阻擋著他的晉升之路，甚至開始布局，讓他的地位變得岌岌可危。

有一天，朋友介紹阿明去做了一場催眠，他原本半信半疑，但內心的困惑讓他決定試試看。當畫面浮現，他才驚覺，這場仇恨的根源，竟然來自遙遠的過去！

那是一個戰亂時代，他與這位上司曾是最親密的兄弟，一起並肩作戰。某天，在一場生死抉擇的戰役中，對方不顧一切地替他擋下致命的一擊，為了保全他的性命，選擇犧牲自己。而他，背負著這份愧疚，活了下來。

這一世他們身分逆轉，那位曾經拯救他的人，如今變成了他的上司，用最殘酷的方式逼迫他成長。這是靈魂契約的執行——這一次，換他來承受壓力，學會在沒有任何幫助的情況下，突破自己的極限，去創造真正屬於自己的成就。

過去，他靠對方的犧牲才得以活下來；這一世，對方逼迫他，讓他真正學會獨立與堅強。這一刻，他的內心有著複雜的情緒，甚至有些釋然。他忽然意識到，這場考驗的意義，是讓他明白，他不需要任何人的認可，他的價值，不該由任何人來決定。

那天起，阿明不再急於討好這位上司，也不再用憤怒來對抗對方，而是轉向專注於自己的成長。

當他不再執著於「得到上司的肯定」，當他開始為自己而戰，而非為證明給任何人看，事情開始產生微妙的變化。

某天，在一場關鍵的決策會議上，當其他人都還在猶豫時，他提出了解決方案。這次，這位曾經打壓他的上司，竟然沒有再反對，反而罕見地沉默了一下，說：「很好，就按你的決定來做吧。」那一刻，他知道這場試煉已經結束了。

共同的靈性使命：頻率共振的召喚

當靈魂攜帶著相似的使命，他們的頻率就會彼此吸引，這就是為什麼有時候你會突然遇見某個人，並感覺「我們應該一起完成某件事情」。這種感覺往往是一種靈性召喚。

這類靈性家人，通常不會無緣無故地出現在生命中，而是在關鍵時刻，以一種看似巧合、實則命定的方式重新聚集。他們可能成為彼此的靈性導師，可能一起創建事業，也可能共同經營靈性社群。

這些相遇，沒有任何理性的解釋，卻比任何邏輯都更真實。

案例：靈性導師與學生的交換

小玲是一名靈性療癒師，這些年來，她幫助過許多人，帶領個案進入深層的內在療癒，卻始終覺得自己還缺少什麼？某種她無法明確描述的東西。直到那一天，小玲遇見了一位靈性導師！

這位導師彷彿在黑暗中點燃了一盞燈，他的話語、視野、智慧，都讓她的靈性世界產生了巨大的震盪。他不只是教導知識，而是讓她開始思考、挖掘自己內在更深層的真相。小玲跟隨這位導師學習了多年，每一次交流，都讓她的靈性成長更進一步。她認為這段關係是單向的——他是老師，她是學生，她來這裡是為了學習與吸收。

然而某一天，她驚訝地發現，這位曾經指引她前進的導師，開始向她請教問題。導師開始詢問她的見解，向她學習她所精通的技術，甚至在許多靈性議題上，轉而向她尋求解答。

這讓她感到困惑，也讓她內心產生了一種奇妙的體悟——她與導師的關係已發生了轉變。她不是單純的「學生」，他也不只是「老師」，他們的靈魂是對等的，是一場更高層次的學習交換。

我看見他們在過去某一世，她曾經是老師，而對方是學生；這一世，則是反轉的關係，而現在，兩者的角色已經不再被身分所限制，而是進入了靈魂之間的成長與交換。

這樣的靈性家人，不僅僅是學習，他們帶來的是一種靈魂層面的覺醒。他們讓我們看到，每一段關係都不是單向的，而是彼此交融，互相啟發。

案例：靈魂團隊的召喚

小慧本以為自己的人生不會與「靈性」扯上任何關係，她看起來是個說話和表現很邏輯理性的人，從不相信所謂的靈魂轉世或能量共振。

那天，原本只是出於禮貌，參加了一場朋友邀請的聚會。沒想到，這場看似普通的相聚，竟成為小慧人生的分水嶺。聚會中，遇見了一群與她全然不同的人。他們談論著「靈魂的旅程」、分享著「能量場的影響」，甚至有人提到「前世記憶」。小慧本想保持距離，卻不知為何，內心深處有一股難以言喻的熟悉感，讓她忍不住想要留下來，想要聆聽更多。

更奇怪的是，這些人對她來說，不像是「剛認識的陌生人」，反倒像是「多年未見的舊識」。他們彼此之間的默契、話語間流露出的親切感，甚至連她自己都感到震驚。她從未見過他們，但內心某處覺得：「我們曾在哪裡見過嗎？」

起初，她認為這只是一種心理作用，直到她開始與這些人深入交流，開始接觸那些曾經不屑一顧的靈性知識。她開始學習冥想、能量運作、占星、塔羅……她察覺自己對這些領域的理解比想像中來得更自然、更直覺，彷彿這些知識並非第一次接觸，而是被喚醒的記憶。

最令人震撼的是，在一次她體驗的冥想裡，竟然有一幕幕畫面呈現在她的腦海。他們曾經在某個遙遠的過去，共同修行，一起學習宇宙的奧祕，尋找靈性的真理。這一世的相遇，並非偶然，而是延續過去未完成的使命。

她從一個對靈性毫無概念的普通人，轉變成了這個靈魂團體的一員。她發現自己一直在尋找的答案，不是在現實世界的標準與框架內，而是在這些人之間，在他們共振出的頻率裡。

靈性家人不一定會陪伴我們一輩子

靈性家人雖然是靈魂旅程中重要的存在，但他們未必會長久留在我們的生命中。他們的出現，通常有特定的目的，而當這個目的完成時，他們可能就會離開。

這樣的人，靈性家人中稱之為「點燈人」——他們來的時間短暫，卻能點燃你內在的火光，讓你從黑暗中看見自己前進的路。

案例：靈魂旅程中的點燈人

那三個月，像是一場夢。那是一段小華最迷失的時期，生活崩潰得毫無預兆，工作停滯、關係破裂，連她自己都覺得，人生似乎已經走到了盡頭。就在她跌入谷底、無法自救時，那名男子出現了。

一開始，他看起來並不特別，也不是傳統意義上的「貴人」。但小華和他相處的時間，彷彿世界都靜了下來。他的話語總能像是早已看透她的內在痛苦，卻不強行介入，而是以一種自然的方式，讓她開始重新審視自己的人生。他不給她答案，卻總能拋出一些讓她深思的問題。

「妳真的需要別人的認同，才能證明自己的價值嗎？」

「如果妳相信這一切都有意義，那麼現在的低谷，對妳來說又是什麼？」

她開始改變，不是因為他為她做了什麼，而是因為他的存在，讓她找到自己內在沉睡已久的力量。他的話語像是一面鏡子，映照出她真正的樣子，讓她不再是那個無助又被動的人，而是一個能夠掌握自己人生的人。

然後，他離開了。沒有徵兆，沒有戲劇性的告別，甚至沒有留下任何可以再聯繫的方式，就像從未來過一樣。小華試圖尋找他的蹤跡，卻發現他在人群中消失得乾乾淨淨，彷彿這場相遇為了讓她自己看見自己！一旦完成，就不再停留。

她感到失落，也疑惑，甚至一度懷疑這段相遇只是一場夢？

然而，當她回頭看時才發現，他留下的並不是遺憾，而是一種不可動搖的內在力量。他的存在，讓她從一個低落絕望的人，轉變成一個真正開始前進的狀態。他不是來拯救她的，而是來提醒她，她本來就擁有拯救自己的能力。

案例：分開多年，卻因靈魂的使命再次重逢

阿文年輕時與一位朋友曾有極深的連結，兩人總是能夠聊到極為深入的話題，甚至有時不用說話，就能感應到彼此的想法。

然而，因為生活的變遷，他們分開了二十多年，各自走上了不同的道路。

直到某一天，阿文突然在社交媒體上看到這位朋友的名字，才知道對方如今

竟是一名靈性工作者，正在推廣心靈成長的課程。而這段時間，阿文自己也剛好開始對靈性產生興趣，甚至一直在思考是否應該踏上這條路。

他們重新聯繫後，才發現兩人雖然多年未見，但心靈的連結卻依然強烈，而他們的「使命」，竟然也在不約而同地指向相同的方向——幫助人們覺醒與成長。

這一次，他們成為合作夥伴，攜手推動靈性事業，實現多年前的夢想。

靈性家人之間的互動模式

靈性家人可能以不同的形式相遇，可能是你身邊的親友、伴侶，但也可能是萍水相逢，甚至是不經意得到的一個訊息。他們未必會長時間陪伴你，有時他們的出現，只是為了說出那句改變你人生的話。不必刻意尋找這些訊息，它們會在你最需要時，以最自然的方式出現。當你內心有困惑時，試著保持開放，看看這個世界正在透過什麼方式給你回應。

靈性家人也有不同的目的存在，可能是給予能量支持，或是促進成長挑戰型，或是協助業力清理。

能量支持型靈性家人

這些人通常扮演「穩定的能量支柱」，當你迷失時，他們會幫助你找回方向。

每次與他們交談後，內在能量會變得平靜，甚至能獲得新的靈感。

能量支持型的靈性家人往往在特定的時刻與你相遇，通常，他們會在以下幾種情境出現：

- **低潮期、人生轉折點時：**當你經歷重大變故（失戀、事業瓶頸、家人離世、內在迷失）時，他們可能突然出現在你的生活中，像是一道光，讓你重新找回力量。你可能遇到一位陌生人，短短幾句話卻點醒了你，或者某位朋友突然伸出援手，在你最需要時出現。
- **靈性學習與成長的旅途中：**在學習靈性知識時，這類靈性家人會以老師、朋友，甚至是以學習夥伴的身分出現。當你開始探索更高層次的意識，會發現某些人特別能夠理解你的感受，與你產生深刻的共鳴。
- **旅行或靜修時：**有時候，當你離開熟悉的環境，進入一個新的場域，你會遇見這些靈魂支持者。這可能是在國外旅行、朝聖、禪修、瑜伽課程，甚至是一次意外的外地出差時發生。某位來訪者，在一次印度的靜修旅程中，與一名來自不同國家的旅人共住在同一間修行中心。兩人本來只是偶然結識，但在每天的禪修與談話中，他發現這位旅人總能說出他內心的疑問，甚至點破他的靈魂課題。當他回國後，這位旅人並未繼續保持聯繫，這段關係短暫卻深刻，因為他已經完成了他的支持與指引。

- **書籍、講座、線上內容：**能量支持型的靈性家人，未必一定要「面對面」出現在你身邊，有時候，他們可能透過書籍、影片、Podcast、文章，來與你產生共鳴。當你聽到某個講者的聲音，或讀到某段文字，內心瞬間感覺到「這就是我要找的答案」。這種共鳴，可能也是靈魂的安排。

成長挑戰型靈性家人

你是否曾經遇見這樣的人——他讓你感到極大的壓力，甚至讓你懷疑自己。他讓你一次又一次地陷入衝突，帶來各種不適與挑戰。但回頭看，正是這個人讓你蛻變，讓你成為更強大的自己。

這類靈性家人，通常在你的人生中扮演關鍵挑戰者的角色。他們可能是你的上司或同事，總是讓你覺得受挫，卻逼著你變得更有能力。你的親密伴侶，讓你一次次面對內在的陰影，學習如何真正去愛與被愛。你的家人，讓你感受到壓力與限制，但也讓你學習獨立與自我價值。你的競爭對手，讓你不甘心、不服輸，最終逼迫你找到自己的力量。甚至是短暫出現的人，他們可能只是路過你生命，但帶來了一場重要的靈魂震盪。甚至可能不是以一個具體的人出現，而是以一場事件，讓你蛻變成你該成為的樣子。

這些人就像是我們的靈魂挑戰者。他們就像是一面鏡子，讓我們看見自己需要調整的地方。而這些「挑戰者」的出現，往往是為了幫助你完成以下課題：

- 設立界線，學會說「不」，這類靈性家人，往往會讓你意識到自己在哪些地方不敢拒絕、不敢主張自己的需求。
- 培養自我信任，當你不再害怕做決定、相信自己的直覺時，這些「控制型」的人慢慢消失。

- 釋放對「安全感」的執著，明白真正的安全感，來自於內在的穩定，而非外在的控制。
- 療癒內在的「害怕失控」，深入探索，找到恐懼的源頭（來自童年、過去世或情緒創傷），才能真正擺脫這種關係模式。

業力清理型靈性家人

在靈魂的旅程中，我們與許多人建立了深刻的能量連結。有些關係在當世圓滿結束，而有些則像未完成的樂章，帶著未解的情緒、承諾，甚至是未完成的學習，延續到這一世。這些能量並不帶著「報應」的意味，而是靈魂在尋找一種自然的調整與圓滿。

當過去的能量還未找到它最平衡的狀態，靈魂會在這一世創造新的角色與情境，讓彼此有機會完成這場「能量轉化」，為未完成的學習與體驗找到新的詮釋方式。這類靈性家人，未必讓你覺得舒服，他們可能以「挑戰」或「衝突」的形式出現，但他們的最終目的，並不是讓你受苦，而是促使你完成能量的釋放與調整。

讓能量回歸流動，而非卡在過去。想像一條河流，當水流在某處受阻，水不會消失，而是會尋找新的方式前進。業力的核心不是「償還」，而是「讓關係找到新的可能性」，讓靈魂學會如何更自由地流動。

案例：從敵對到理解，職場中的業力關係

阿成在職場上有一個長年競爭的同事，兩人能力相當，卻總是在關鍵時刻互相阻礙。無論是爭取升遷、提案，甚至日常合作，他們都像是一場無形的拉鋸戰，彼此較勁，誰都不願意讓步。

阿成開始感到疲憊，他不明白，為什麼這個同事總是與他針鋒相對？為什麼明明他努力做得更好，卻總是受到對方的挑戰？在前世回溯中，他看到了一個意想不到的畫面——在某一世，他與這位同事曾是師徒關係，他是老師，而對方是極具潛力的學生。

在那一世，這位學生努力想要證明自己，但老師因為害怕被取代，選擇壓制對方，不願意給予真正的指導。最終，這位學生帶著不甘與遺憾離世，兩人之間的能量場充滿了「未完成的較量」。

這一世，他們換了一個新角色，在職場上成為對手，而這場競爭的本質，並不是關於誰贏誰輸，而是讓他重新學習如何以健康的方式面對競爭，學會真正的公平與尊重。

當阿成意識到這段關係的靈魂意義後，開始放下對「勝負」的執著，不再把對方視為敵人，而是學習以欣賞的眼光去看待彼此的優勢。當他內在的態度轉變後，他驚訝地發現這位同事的攻擊性也逐漸減少，兩人的關係變得更加平衡，甚至開始建立真正的專業合作。

有些職場競爭，不是為了分出高下，而是靈魂的一場「公平學習」，當你學會欣賞而非對抗，這場業力便能圓滿轉化。

案例：家庭中的業力調整

小敏從小與母親的關係充滿壓力，無論她做什麼，母親總是批評她，讓她覺得自己永遠不夠好。她一直無法理解：「為什麼我總是無法獲得母親的肯定？為什麼她總是對我這麼嚴厲？」

當我幫她回溯過去世時，在某個過去的時空，她曾經是母親的權威導師，在那一世，她對母親極為嚴格，甚至剝奪了對方的選擇權，讓對方活在高度的壓力之下。

這一世，她們交換了角色，小敏變成了孩子，而母親則成為那個「嚴厲的評判者」，讓她體驗到「被過度要求」的感受。

這並不是一場復仇，而是一場體驗的交換，讓她學習如何在批評中找到自己的力量，而不被外界的評價影響。當她明白這段關係的本質後，她不再執著於「母親的認可」，而是開始建立自我的價值感。最終，這段母女關係也開始轉變，不再只是對立，而多了一層理解與包容。

靈魂的業力清理，不是為了糾結過去，而是為了讓彼此獲得更完整的體驗。

案例：業力戀人——從糾纏到解放

小菲總是吸引「若即若離」的戀人，對方剛開始熱情如火，但當關係變得深入時，卻突然冷淡、失聯，讓她陷入一次次的情感創傷。

她問：「為什麼這種模式不斷重複？是不是我有什麼問題？」

在過去某一世，她曾經是一個自由奔放、不受約束的人，而當時有一位深愛她的戀人，試圖留住她，但她選擇了離開，讓對方承受了極大的情感創傷。

這一世，小菲選擇體驗「被遺棄」的感受，為了讓她理解「愛的不同面向」，並學會如何在關係中建立真正的安全感。

當小菲明白這一點後，她開始改變自己的內在能量，不再害怕親密關係，而是專注於與真正能給予穩定愛的人連結。當她做出這個改變後，她的情感模式開始轉變，最終遇到了一個能夠與她共創穩定關係的伴侶。

靈性導師的影響

靈性導師或靈魂導師通常是幫助靈魂提升的人物或能量存在，這些導師不僅提供指導，還會通過能量傳遞帶來智慧。

在靈魂的旅途中，我們並不孤單。無論是在物質世界，還是在靈性領域，都有一些靈性導師陪伴我們，幫助我們提升靈魂的意識與理解。這些導師可能是人類導師、靈魂層面的指導靈，甚至是高維的能量存在，他們的角色不只是提供知識，更是以能量傳遞智慧，幫助我們覺醒、療癒，並引導我們找到自己的靈魂道路。他們不一定一直會陪你，但他們總會在你最需要的時刻出現，引領你看見自己尚未看見的那一部分。

靈性導師的角色可以分為兩大類：現世導師（活在我們日常生活中，用人類形式帶來靈魂提醒）和靈性指導靈（存在於能量世界，透過感知、夢境、直覺或同步訊息與你連結）。

現世導師：在人間指引靈魂成長

這些導師可能是某位老師、書中的一句話、一位靜靜支持你的前輩，甚至是某段關係裡的啟蒙者。有些導師不一定會長篇大論地教你什麼，但他的一句話、一個眼神，甚至一個看似不經意的動作，就能讓你停下來，好好想一想自己的生命。

他們常常在你最迷惘、最不知道該往哪走時出現，彷彿宇宙安排的一把鑰匙，剛好打開你卡住的那道門。

他們不是那種強勢要你「照著做」的人，反而是讓你有種「可以放鬆」、「我可以相信他」的感覺，你的心防會自然放下，不需要刻意努力。

真正的導師不會讓你永遠依賴他們，他們會帶你繞一圈，然後說：「現在，換你自己走這段路。」他們相信你，也教你慢慢相信你自己。

案例：多年前的一句啟示，改變了未來的人生

那是一場小恩原本差點就取消報名的靈性課程。小恩說，那段時間的自己，卡得很深。事業看似穩定，生活看似平順，卻總覺得哪裡不對勁。每天醒來，她都覺得胸口悶悶的，像有什麼話想說，卻不知道對誰說；有什麼路想走，卻連腳都不知道該往哪踏。朋友說她只是太累了，建議她去放鬆一下。但她知道，這不是身體累，而是靈魂累了。

那天在課堂上，老師沒有熱情洋溢地開場，也沒有高調分享華麗的故事。他只是靜靜地坐著，然後，在全場最安靜的那一刻，說了這句話：「妳早就知道答案，只是妳還不敢相信妳自己。」

她當下沒什麼感覺，只覺得這句話有點太簡單，甚至覺得有點「空泛」。於是，她把它寫在筆記上，就這樣翻過那一頁，繼續過她原本的生活。

但幾年後，在一次人生的轉彎口，當她被迫做出一個重大決定，徹底脫離原本熟悉的穩定生活時，那句話，像一道光一樣，在腦海中亮了起來。

小恩說：「我突然想起那個老師。想起他說這句話時的眼神，那種安靜卻篤定的力量。那一刻，我不再等別人來幫我決定。我想，或許我真的可以相信我自己一次。」

那一次，她選擇了一條完全不同的路。不容易，但很真實。不光鮮，但讓她每天醒來，終於能呼吸。

這位老師，從頭到尾，都沒有告訴她該怎麼做。他沒有給她清單、步驟或預言。他只說了一句話，卻點燃了她內在的智慧。

這就是靈性導師最珍貴的力量——不是讓你仰賴他們、把人生交出去，而是幫你記得：你其實一直都知道，只是還沒敢承認。

靈性指導靈：來自靈界的靈魂老師

靈性指導靈是一種看不見但真實存在的靈魂導師。他們沒有身體，不會站在你面前，但你可能會在夢裡、冥想中，甚至某個寧靜的時刻，突然感覺到他們的訊息。

有時，他們是你的高我（那個更清楚你方向的自己）、靈性家族的一員，也可能是某個你和他早就約定好，這一世會再相遇的能量存在。

有些人會在冥想時接收到他們的訊息，而我自己常在量子催眠的潛意識引導過程中，看見這些靈性導師以更純粹的能量形式出現。

和靈性指導靈交流，有哪些感覺？他們的能量讓你感覺很平靜、很清楚，當你和他們「連上線」時，心會變安靜、腦袋變清明，甚至連空氣都會感覺乾淨、透亮。

他們不是用語言講話，而是讓你「突然就懂了」，不是外在的聲音，而是內在某種知道的感覺。有時是一個畫面、一道靈感或心裡浮現一句你從沒想過的話，但那句話卻正好說中你需要的答案。

他們不是來解決問題的，而是幫你站高一點看事情，你可能仍在面對困難，但在他們的引導下，你會突然意識到「我可以走下去了」——不是因為問題變簡單，而是你變清楚了。

你可能在冥想、祈禱、散步、泡澡、寫字、夢境中，感覺到他們的臨在，有時像一道光、有時像一種陪伴感、有時是空氣突然變得安靜，好像整個世界都在等你聽見內在的聲音。

在量子催眠中，他們可能以潛意識的智慧形式出現，有時是一股能量說出你從沒想過、卻完全正確的話；有時像靈魂深處的你自己，對你的提醒：「這就是你的方向，去吧。」

他們的能量頻率很高且細緻，所以你必須「安靜下來」，才能聽見他們。當你心煩意亂時會收不到；但當你進入靜心狀態，他們的訊息會像光一樣照進來。

他們從不干涉你的人生，只會給你方向選項，你永遠有選擇的自由。他們不會說「你該怎麼做」，但會輕輕把另一條路亮給你看，然後說：「這也是一個可能，你想試試看嗎？」

舉個例子，你可能也有過這種感覺：有一次你正在煩惱一件事，可能是轉換工作、搬家，或者要不要放下一段關係。你腦子裡想了又想，越想越亂，根本不知道該怎麼選。

但就在某個時刻——可能是晚上睡不著時、靜靜坐著發呆時，甚至只是你一邊洗澡、一邊放空的當下，突然有一個念頭跳進來。那不是你「刻意想出來的答案」，但卻讓你心裡突然安靜下來。

你也許會想：「欸？我剛剛怎麼突然有這種想法？」它不大聲、也不戲劇化，但你會覺得：「嗯，這好像是我要的方向。」

你不太能解釋為什麼，但你就是知道，那個想法很真實、很純粹。它沒有推你，只是讓你覺得安心。

那個當下，很可能就是你的靈性指導靈在輕聲說話。不是用語言，而是讓你感覺到：「你可以相信這個感覺。」

某位來訪者，長期處於焦慮與不確定的狀態，某天她夢見一位身穿白袍的老師，在一座山上對她說：「信任你的道路，一切早已安排好。」

當她醒來後，這個夢境的感覺異常真實，甚至影響了她的現實決策。當她進行催眠時，她發現這位「夢中的導師」一直在她的生命中守護她，只是她過去未曾覺察。

高靈訊息是靈魂的鏡子

「愛與信任，不是每個人都知道這很重要嗎？我們不是都聽過這些話很久了嗎？那為什麼還要透過催眠？為什麼還需要高靈或靈性導師來教我們？」很多人會問我這個問題。

我總是會笑著回答他們：「是啊，理智上我們都知道。但能不能真的『活出來』，是另一回事。」

我們知道得很多，但不一定活得出來。你知道要愛自己，但當你被拒絕、被遺棄、被否定時，還是會懷疑自己是不是哪裡不好。你知道要信任宇宙，可是當錢不夠、生活不穩時，還是會恐慌、焦慮，拼命想抓住安全感。你知道不要控制，但過去的經驗早就告訴你：「不靠自己，事情就會失控。」

所以問題不是「不知道」，而是：靈魂知道，但人格忘了，身體不敢相信了。

我常說，催眠與潛意識，不是外來的東西來教你，而是幫你打開你自己寫過的靈魂筆記，讓你終於願意翻開來看。

有些東西，你不是不知道，是你曾經因為太痛、太累、太怕失去，而選擇先把它收起來，放進心裡的某個角落，蓋上一層又一層的保護。

催眠就是一個「你準備好、願意再相信一次」的邀請。

那高靈或靈性導師的訊息，會不會也是一種外在依附？我完全懂你的擔心。我們這個時代太多人打著「靈性」、「通靈」、「神聖力量」的名義，卻讓人越來越焦慮、越來越依賴，甚至放棄了自己的判斷力。

這也是為什麼我一直強調：真正的高靈，不是權威，不是命令者，而是靈魂的鏡子。他們來，不是為了告訴你該怎麼做，而是輕輕問你：「你還記得你自己是誰嗎？」

真正的靈性導師／高靈的訊息，會讓你感受到更自由、更有選擇空間。被接納、被鼓勵，而不是被批判或威脅，一種「即使什麼都不做，我也被愛著」的溫暖，尊重你的節奏，而不是催促你「快一點進步」。

而那些來自虛假或操控性頻率的訊息，通常會：製造恐懼（不做會出事），引導崇拜（你必須聽我的），用神祕話術壓制你（我知道，你不知道），讓你覺得「我是誰不重要，重要的是照做」。

靈魂習作

提高自己的能量頻率，讓靈性導師更容易靠近你

靈性導師的能量頻率是很高的，如果我們太雜、太吵、太焦慮，就像收音機轉錯頻道，訊號會不清楚。所以要做的第一步，就是「讓自己安靜下來」。怎麼做？簡單三件事：

- **每天花十分鐘靜心**：不一定要打坐得很正式，找個安靜的地方坐著、閉上眼，專注呼吸。你只要做到「不被外界拉走」，靈性導師就比較容易跟你對話。
- **留意夢境和直覺**：有時候他們會在夢裡來找你，或是你醒來後突然有個想法、念頭浮現。可以準備一本「靈魂筆記本」，把這些訊息都記下來。
- **保持開放心態**：他們給的訊息不一定是清楚的句子，可能只是你身體某個感覺、一個畫面、一個溫暖的能量閃過。不要急著分析，先接住再說。

靈魂習作

跟靈性導師「寫信聊天」（我超愛這個方法）

有時候你不知道對誰說話，但又很想把心裡的混亂說出來，這時候，你可以試著給你的靈性導師寫封信：

1. 拿出一本你專用的筆記本，寫上「給我的靈性導師」。
2. 安靜一下，讓身體放鬆，然後寫下你現在內心最想問的問題。
3. 然後，開始寫下「你覺得他會怎麼回答你」——不要管對不對，不要修，不要分析。
4. 寫完以後回頭看，會發現其中有些話你根本沒想過，但它卻正中你心。有時候我們最深的答案，早就在心裡了，只是平常太忙、太吵、太不相信自己，沒讓它浮出來而已。

靈魂筆記

第四章

無法逃脫的靈魂課題
——談業力的迷思

業力是一個非常古老、至今仍在發生的宇宙法則。簡單來說，它是一種因果循環——你做了什麼、想了什麼、選擇了什麼，那股能量就會像一個圓，最終繞回你自己身上。

就像你往水裡丟一顆石頭，會激起漣漪，那個動作不會馬上消失，而是慢慢擴散，最後又回到你腳邊。

個人業力如何運作？

業力的運作可以從個人、集體、靈魂層次來理解。

當我們在說「業力」時，最常見、也最直接會影響我們的，就是個人業力。這是指你每一個念頭、每一句話、每一個選擇，都在宇宙中留下一個能量的足跡。這個足跡，早晚會繞一圈，重新回到你自己身上。不是為了「報復」，而是為了讓你明白：你創造的一切，終將由你自己來體驗。

善意的行動，會讓生命帶來更多溫暖的回應。比如你真心去幫助別人，雖然不求回報，但宇宙會用它的方式讓更多的善意流回你身上。可能是一個貴人出現，也可能是一個意想不到的機會。

你曾造成的傷，靈魂會安排你在安全的時間與空間中，換個角色體會一次。比如你過去曾因情緒而傷害了某人，這一世可能會讓你體驗被誤解、被拒絕，不是為了讓你痛苦，而是讓你真的理解：「原來當初那樣做，對別人是什麼感受。」

連你的念頭和情緒也在創造業力。長期活在恐懼、怨恨、嫉妒中，會像吸引磁鐵一樣，把那些能量再帶回到你的生活中。但如果你每天練習覺察、感恩、願意釋放，這些也會變成善的種子。

有時候我們會懷疑：「我是不是被過去的業力綁住了？為什麼同樣的事情一直重複？為什麼我就是走不出去？」

但我要跟你說的是，業力不是來懲罰你，也不是要你被困住一輩子。它是你靈魂親手設計的一套「自我覺醒機制」，目的是讓你有機會，看見自己，然後做出不一樣的選擇。綑綁還是提升，在於你怎麼看它。

當你一直抗拒業力，覺得：「為什麼又遇到這種人？為什麼我總是遇到這種事？」那麼它的能量就會像個結一樣，越拉越緊。

但當你停下來，開始問：「這背後要我學會什麼？我這次可以選擇不同的反應嗎？」這時候，業力就變成了解鎖靈魂的新密碼，你會開始發現原來我不需要重複，原來我可以走出自己的老路，原來這是一個「轉身」的機會。

當靈魂還綁著個人業力時，靈魂中的那道光，不是不見，而是「不流動」。有時候在靈魂溝通、量子催眠或靜心狀態中，我會看到某些個案的靈魂，並不是沒有光，只是那道光像是被包裹、壓縮、卡住，甚至有點失去方向。

那種光不是全黑的，而是像被霧包住的微光，明明有亮度，卻無法真正發散出去，像是光在自己身上繞圈，一直打轉、無法前進，就像困在自己的模式裡，有些光甚至呈現糾結線狀，好像在拉扯中，也有些像是「沒有出口的努力」，沒有穿透感，能量是「向內收縮」，而不是「向外擴展」。

這些光的狀態彷彿在說：「我還不願意放手過去的角色。我還沒有原諒自己。我還不相信我可以自由。」

唯有願意看見自己過去的選擇、願意承認傷害與被傷害的雙重角色時，光就會開始「軟化」、變得「可流動」。原本糾結的線慢慢變鬆，光開始擴張，從停滯、繞圈，變成清澈的流。

有些時候只是說出一句真心的話、原諒某個人，或者終於願意面對那個一直閃避的情緒，靈魂的光馬上變化，就像把沉重的蓋子拿掉一樣。

個人業力，是靈魂設計給你的一份「回家地圖」。它不是來綑綁你，而是來提醒你：你是創造者，不是受害者。你有選擇，而靈魂就是在與你一起練習「怎麼選擇」。

集體業力：我們一起經歷、一起療癒的靈魂功課

有些事情，不只是你一個人的課題，而是整個群體靈魂的學習。有些重複發生的困境，是你所屬的家族、社會，甚至整個地球，正在一起經歷的能量課題。這就是集體業力。三種常見的集體業力類型：

- **家族業力**：有些家族幾代人都經歷相似困境，例如感情不順、難以信任伴侶、男性成員長期缺席、長輩與孩子之間存在誤解與犧牲，這些不是偶然，而是家族能量場裡還沒被理解與釋放的傷，而你可能就是那個願意讓這條業力終止的人。
- **社會／國家業力**：在某些地區或文化裡，社會集體對某些族群、性別或信仰存有根深蒂固的壓抑，國家長期處於貧困、戰爭、壓力之下，人民普遍活在恐懼或無力感中，這些都是長期累積的集體情緒與信念，每一個人的想法與

選擇，都是這個集體能量的一部分。而當你開始覺醒、選擇愛、選擇寬恕，你的頻率也會微微調整整個社會的走向。

- **地球業力：**人類對自然、動物、資源的濫用，其實也在創造一種「行星層級的業力」。氣候極端、動植物失衡、地球磁場變動。這些都在提醒我們：「人類不是地球的主人，而是共生的守護者。」當我們願意改變習慣、調整價值觀、用更有愛的方式與地球相處，這股集體業力也會開始慢慢轉化。

集體業力的真正目的不是要你覺得「我什麼都背不起來了」，而是提醒你：「你不是無力的小我，而是有選擇權的靈魂。」

你不是為了背負業力而來，而是為了療癒它而生。每當你選擇釋放、選擇不再重複、選擇原諒，你就在為整個家族、社會，甚至地球帶來新的可能。你不是一個人，你正在一個巨大的靈魂網絡中，一起覺醒，一起變得更自由。

你的覺醒會為整個集體打開新的通道。當越來越多的人選擇用意識活出愛、理解、勇氣、行動，整個集體能量會像水面一樣被溫柔擴散，慢慢變清、變亮。

靈魂業力：靈魂記得的承諾與功課

有些經驗，不只是今生的劇情，而是靈魂早就寫好的續集。除了這一生的選擇和經歷，我們每個人，都帶著靈魂曾經歷過的痕跡與能量來到這一世。

這些「還沒學完的功課」、「說過的話」、「答應過的事」，都會變成一種靈魂的延續，影響我們這一生的情感、挑戰與天賦。這就是所謂的靈魂業力。靈魂業力，會用各種方式提醒你：

- **前世未結束的情感關係**：有些人才剛認識，卻有一種說不上來的熟悉；有些人讓你特別著迷、特別拉扯，甚至愛得很深、也傷得很重。這些強烈的情感連結，可能來自於前世未完成的關係能量。靈魂記得那份愛、那段遺憾、那個約定，所以在這一世，安排你們再一次相遇，是給你一個療癒與圓滿的機會。

每每我為那些伴侶太早過世而依依不捨的人進行靈魂溝通，就很可能存在這樣的靈魂業力，下輩子再在一起，再續緣份！

- **天生帶來的天賦與困難**：有些人從小就擁有特別的能力、感知力或對某件事有強烈的興趣；也有些人總是在某些領域裡經歷相同的阻礙或困境。這些都可能是靈魂在過去世積累的結果——不論是熟練的技巧、深刻的傷痛、未解的執著，都會以某種形式，成為你今生要重新面對或延續的課題。很多通靈人和傳訊者都帶有這樣的能量，但不一定用通靈的方式呈現，也許是作家、畫家或編劇等富有創意能量的角色！
- **靈魂的承諾與契約**：有些靈魂，在過去世許下了某些承諾或使命：例如：「我會守護你到最後。」「我願意為這個群體奉獻一生。」這些話語，哪怕是在另一世說的，它們的能量依然存在。所以這一生，你可能會感到莫名的責任感、無法放下某個人或對某件事有超越理性的堅持。可能是靈魂還記得它答應過的事。

我們再次回到人間，不是為了重複一樣的痛苦，而是為了有機會用更高的意識重新選擇——這次，我可以更溫柔；這次，我願意原諒；這次，我終於學會，不再為了別人而失去自己，而這就是靈魂業力真正的意義。

業力如何影響生活

那些進到你生命裡的人，不一定是巧合，他們可能是你靈魂劇本裡的重要角色。很多人問我：「為什麼我總是遇到同一類型的人？」「為什麼我無法離開某個人，即使知道這段關係對我不好？」這些問題的背後，可能是一個更深的能量在運作——人際關係中的業力循環。

人際關係，是業力最直接的鏡子。在我看到的靈魂能量中，我們和每一個人的關係，都像一條線，有時清澈、有時糾結、有時還沒結束。以下是幾種常見的人際業力模式：

- **重複吸引相似類型的人**：你是不是總是遇到情感冷漠的人？控制欲強的人？情緒依附的人？這可能是靈魂要你學會：怎麼愛自己，而不是從別人身上找價值。怎麼設界線，而不是默默承受。怎麼勇敢說「不」，而不是一再忍讓。這不是你吸引錯人，而是你的靈魂在說：「我們可以不要再重複了。」

- **跟某些人有莫名的強烈吸引力或衝突：**你才剛認識對方，卻像認識了一輩子，或從第一眼就有很強的抗拒？這通常是來自前世的能量還沒完成。可能你們曾經是愛人、家人、敵人、救命恩人，也可能彼此留下了未解的情緒。這一世再度相遇，是靈魂說：「我們再走一次，不是為了痛，而是為了更深的理解與釋放。」

- **一段剪不斷、理還亂的關係：**即使斷聯了、分開了，甚至生活已經完全不同，心裡卻還是常被那個人牽動。有時候，是想念；有時候，是怨；有時候，是放不下的疑問。這類情感糾葛常常是業力還沒有真正結束的關係。

當你願意靜下來問問自己，這段關係想讓我學會什麼？我還有什麼未說出口的情緒？我是不是還期待一個道歉，或一個結局？你就會開始釋放那條卡住的能量線，業力不是要你再受一次苦，而是讓你有機會，用愛或放手，來完成這一課。

案例：總是吸引「渣男」的她，原來靈魂早有安排

小麗跟我說，她每一段戀情都很努力，但結局幾乎都一樣——不是對方出軌，就是欺騙或逃避承諾。小麗問我：「是不是我這輩子命不好？還是我上輩子做錯了什麼？」於是我們一起去看看她靈魂的故事。

她在過去某世，是一位權勢很大的人。在那一世的感情關係裡，她極度不信任伴侶、控制欲很強，總是用懷疑和命令去維繫關係。而最終，那位被她深愛卻被壓抑的伴侶，選擇離開了她，帶著怨。

這一世，她的靈魂選擇走到另一個角色，體驗「被控制、被背叛、被放棄」，讓她真正去感受信任、尊重與愛的意義。

她的轉變從「不再對外抓取安全感」開始。當她明白了這段靈魂記憶的意義後，她沒有再怪對方。她開始練習回到自己身上：放慢腳步、不再討好、不再犧牲。她的能量場慢慢轉變，後來真的遇到一位願意尊重她節奏、珍惜她價值的伴侶。

業力對健康的影響

有時候，身體的不適，不是毛病，而是靈魂在求救。我們的身體，不只是肉體的集合，它是靈魂暫時停留的家，是能量記憶的載體。很多我們以為的「慢性疼痛」或「老毛病」，可能是一段被遺忘的能量，還沒有被聽見。

長期情緒壓抑，會在身體裡留下痕跡：我們的情緒，從來沒有真正消失過，那些沒說出口的怒氣、壓下來的悲傷、假裝沒事的委屈，最終會變成一種「緊繃」的能量，存放在身體的某個角落。

- **長期壓抑的怨恨或憤怒**↓常見於肝臟、胃部問題
- **長期的恐懼、焦慮**↓容易影響腎臟、免疫系統、睡眠功能
- **長期壓抑自我**↓可能導致甲狀腺、喉嚨、呼吸系統不順

當你一直不說話，身體會替你喊痛；當你一直撐著，身體會讓你停下。某些人從小有特定部位的莫名痠痛，或對某種動作、姿勢特別排斥，很可能那正是靈魂記憶中某次受傷或創痛的殘影。

有一位長期偏頭痛與頸部僵硬的女士來找我為她催眠，她說過去她試過按摩、復健、瑜伽，症狀仍反覆出現。在催眠的過程中，她看到自己在某個過去世是一位戰士，那一世她為了保護同袍，最終在戰場上從背後被砍中頸部，當場死亡。

那段尚未釋放的創痛與恐懼，儲存在她的能量場中，這一世以頸部的緊繃與頭痛形式出現，提醒她：「妳不用再戰鬥了，這一次，可以選擇放下與和解。」

當她願意釋放那段舊能量後，她的疼痛逐漸緩解，甚至長時間未再復發。

疾病，是靈魂要你「暫停」的邀請。當生活的節奏過快、情緒被過度忽略，身體會成為靈魂最後的出口。它不是來讓你崩潰，而是提醒你：「是時候停下來，好好照顧內在那個沒被傾聽的你。」

業力對財富與事業的影響

財富不是只靠努力得來，更是你對「自己價值」的能量投射。很多人以為財務狀況只跟努力或聰明有關，但金錢是一種能量流動，它會照著你的信念與靈魂設定來運作。

所以，有些人努力一輩子卻總存不到錢；有些人事業總在成功邊緣反覆卡關；還有些人一碰到財富，就感到罪惡或不安。這些看似現實的困境，背後都可能藏著一條靈魂的業力線。

財富與業力的常見模式有以下幾種：

- **明明很努力，卻總是財富難聚：**有些人總是拼命工作、努力經營，業績卻始終不上來。當往內看時，常常會發現：「我內在其實不相信自己值得擁有很多。」「我覺得錢是麻煩的、骯髒的，有錢人都不誠實。」這些信念，很多時候來自童年、家族，甚至是過去世的誓言。

- **一生都在金錢起落中載浮載沉**：有些人不是沒有錢，而是錢來得快、去得也快。財富像風一樣，不斷流動，但留不住。這往往是靈魂在說：「我想學的，不是怎麼賺錢，而是如何不把安全感綁在錢上。」這種業力通常要學的功課是：「內在的穩定，才能讓外在的豐盛停留下來。」
- **突然的財務危機，是靈魂的叩門聲**：當一個人突然財務崩盤，或一夜之間失去穩定收入，這有時正是靈魂在敲門——「你是不是偏離了自己真正的方向？」「你是不是把價值寄託在頭銜、賺錢能力，而忘了你本來是誰？」

案例：總是「賺錢→花光→從頭來」的個案故事

小梅是一位自由工作者，很有能力，也總能創造機會，但每次一累積到一筆錢，不是被詐騙、就是投資失利，或臨時有大筆開銷，錢總是留不住。她說：「我是不是命不好？」

在靈魂前世回溯中，小梅在某個過去世是一位修行中的僧侶，在那一世她曾發願：「我這輩子不再追求金錢，金錢會讓我迷失靈性。」這句話，成了她今生「一賺錢就失去」的靈魂程式。

當她開始覺察這個誓言的能量，並重新寫下：「我願意讓金錢成為靈性與愛的載體。」她不但不再排斥金錢，也開始願意讓自己「好好收下」宇宙給她的豐盛。

她的財富狀況，從那之後慢慢穩定下來。

金錢不只是錢包裡的數字，而是你靈魂對「自己值不值得被支持」的回應。如果你總是害怕沒錢，問問自己：「我有沒有覺得自己不值得擁有豐盛？」如果你總是工作過勞，卻覺得還不夠，問問自己：「我是不是把價值感放在表現裡？」如果你總是吸引財務危機，試著說說看：「我願意讓宇宙支持我，用愛，而不是焦慮。」

解開業力束縛，讓靈魂自由前行

很多人以為業力只跟「過去」有關，像是某一世犯了錯，這一世來還債。但業力更像是一個活的能量流動，你在每一個當下的念頭、行動、反應，都在悄悄為「未來的靈魂自己」建構道路。

如果你選擇繼續執著、恐懼、逃避，你的靈魂就會說：「看來我們還需要再學一次。」如果你選擇放下、覺察、用愛來行動，靈魂就會說：「太好了，我們準備好進階了。」

業力的影響是這樣流動的，也許來自前世、童年或祖先的能量，形成你此生的課題或傾向。比如情感依附、金錢恐懼、慢性疾病、反覆出現的關係模式。

每一個現在的選擇，會決定能量的流向。如果你現在選擇突破、選擇慈悲、選擇內在真實，你正在為未來的你，打造一條更自由、更輕盈的靈魂路線。

這就要提到未來的時間線，我們突破了內在枷鎖，會讓自己更容易在時間線裡跳躍！

我們常以為，時間是一條只能往前走的直線：過去↓現在↓未來。但對靈魂來說，時間不是一條「路」，而是一個「場域」。只要我們的意識狀態改變，靈魂就可以在不同的時間線之間自由跳躍。

每一次你突破一個限制性的信念、釋放一段卡住的情緒、原諒一個舊傷，你就不是只是在療癒自己，而是在整個「時間線」中，為自己打開了新的可能。

那些內在的枷鎖，其實是卡在時間線上的錨點。

當你開始鬆開這些內在的結、選擇不同的想法、行動與感受時，自己就好像「跳出原本的命運安排」。

新的選擇，有時能溶解舊的業力。如果你曾經在某段關係裡一直用逃避、指責、執著回應，但這一次你停下來、選擇理解或轉身，那條老舊的業力繩子，也會因此慢慢鬆開。

某位來訪者在職場遇到一位極度壓榨她的主管，她每天都活在怒氣、委屈和想報復的情緒裡。在某一世，她是這位主管的上司，曾經極其嚴苛地對待對方，這一世，角色對調，靈魂在安排一場「學會平衡與理解」的功課。

當她理解這不是「報應」，而是一場靈魂的互相演練，她開始試著放下怨恨，用平靜和界線代替反擊。沒多久，她意外被調職升遷，主管的態度也變得溫和，甚至開始欣賞她。

我們沒辦法改寫已經發生的過去，但我們每一個現在的選擇，都在為未來鋪路。你可以想像業力像是一條能量河流，過去的選擇塑造了這條河的方向，但你現在手上還拿著一支筆，可以開始畫出新的流向。

用善意，讓自己的能量場提升起來。你不需要去拯救誰，只要有意識地做一件善的、小小的事——陪朋友講一通電話、跟店員說聲謝謝、對自己說一句溫柔的話。這些小動作，是讓你的頻率慢慢往上走的台階。

一位來訪者跟我說：「我是不是天生運氣不好？怎麼做什麼都卡卡的？」我發現她在某個過去世，是一位充滿抱怨的靈魂，總覺得世界虧欠她，對什麼都不滿。這樣的「抱怨頻率」，在今生繼續作用，讓她常常吸引到難搞的客戶、錯過好機會。

後來我請她每天寫下三件她覺得感激的事，一開始她說：「我想不到。」但她還是寫：「今天沒下雨。今天有錢買咖啡。今天我沒罵自己。」就這樣每日進行這個練習。慢慢地，她開始遇到新的客戶，收到意想不到的好消息，連她身邊的人都說：「妳最近變了。」

不是世界變好了，是她的頻率開始改寫了。

業力並不是一種無法擺脫的命運鎖鏈，而是一種讓靈魂學習與進化的能量機制。釋放業力不代表要「消除」過去的因果，而是透過覺察與行動來改變我們的回應方式，讓舊有的模式不再影響我們的未來。

我們每個人都是帶著某些功課來到這一世的。有時候，這些功課會以重複的情境出現；有時候，它會藏在一段關係裡、一次選擇裡、一個我們無法理解的痛裡。

當我們開始看見自己不斷重複的模式，可以自問：「這一次我能用不同的方式來回應嗎？」那個瞬間，轉化就已經發生了。

你不是要「戰勝」業力，而是跟它和解，然後超越它。讓靈魂走向它原本該走的路——輕盈而自由的方向。

靈魂習作

如何轉化與療癒業力？

有些業力是大事件，有些只是你每天重複沒意識到的選擇。當你願意看見它、寫下它、換個方式走路說話呼吸，你就已經開始鬆開那條老路了。以下是幾種你日常就能做得到的療癒方法：

- **覺察重複的情境，轉動意識的方向**：有時候，我們會在不同時間、不同人身上，重複遇到「類似的情緒劇本」。一再被忽視、總是在關係中失去自我、總覺得人生卡住、總是覺得被看不起。就是靈魂在說：「這裡還有功課沒學完喔。」

  寫下最近讓你不舒服的情境，問自己：「我是不是在哪裡，已演過類似的戲？」「我這次可以不要再用同樣的方式回應了嗎？」改變的不是對方，而是你選擇用不同的態度回應。改變，就是你在鬆動業力的起點。

- **原諒與放下，不是為了對方，而是為了自己自由**：很多業力卡在「我還不能放下」、「我還在等一個道歉」、「我還在氣」。但真相是這些能量只會讓你一直留在那個舊的故事裡。原諒不是表示對方沒錯，而是你選擇不再讓那件事困住你的光。

每天花一分鐘對自己說：「我不一定要忘記，但我願意慢慢放下。」「我選擇不再用這段過去來定義自己。」當你願意釋放，宇宙也會開始重新安排你的劇情線。

- **寫一封信，送走那段業力的故事**：文字有力量，寫出來，就是能量的釋放。

簡單寫法：寫給某個你放不下的人／情境／情緒，寫你想說的一切，不壓抑、不理性、不要包裝。寫完後，深呼吸，然後燒掉、撕掉，或說聲：「我釋放了。」你不是否定它曾經發生，而是把它從你身上輕輕拿下來。寫出來，就是讓自己內在及靈魂能量糾結的地方釋放。

- **靈魂延期感知：**有些業力不是當下發生，而是延遲出現。靈魂會等到你有足夠意識、承受力或資源時，才釋放這段課題。如果你最近突然覺得某個情境「怎麼這麼熟悉」，但又好像第一次發生——這可能是過去的業力現在才浮現，因為你終於有能量來面對它。試著問自己：「我現在比以前更有力量了嗎？我是否準備好不再逃避了？」
- **中斷傳承意圖：**很多業力來自上一代甚至整個家族的「信念傳承」。你可以在能量層做出選擇，有意識地中斷這個循環。比如你的母親總是委屈自己，你從小學會「犧牲等於愛」；你的父親總說：「錢很難賺。」你自然會對金錢感到不安。你可以在心中或書寫中說出：「這個信念來自我的家族，但我選擇不再帶下去。」
- **日常意識反寫：**我們很多小習慣，正在不自覺地「強化舊業力」。這個方法是每天選一件小事反其道而行，刻意中斷自動化行為。如果你每天都忍著不說真正的感受，那今天試著說一個「小小的真心話」。如果你總是讓別人優先，今天故意安排半天只做自己喜歡的事。這種微小反向行為，是最強大的能量重寫器之一。

- **能量反照回送：**當某個人一直讓你覺得煩、氣、刺痛，不一定是對方能量在投射你，而是你在照見自己尚未整合的能量。不是要你忍耐，而是提醒你問：「這個人讓我看到什麼我還沒接受的自己？」這不是要你接受傷害，而是要你取回力量。

靈魂習作

如何解開業力的束縛？

業力很少大張旗鼓地出場，它通常是默默地，在我們一次又一次的情緒反應裡重演。你是不是也曾發現某些煩惱或關係，一直用不同的樣子回到你生命中？這些都是靈魂在提醒我們：「有件事還沒學完喔。」當我們願意開始覺察，真正的改變才會發生。

方法一：用冥想清理業力

冥想不是逃避現實，而是回到靈魂中心的入口。當你願意停下來觀察，就會開始理解，自己為什麼一直卡在某些情境裡。

找一個安靜的角落，坐下來，深呼吸，讓自己慢慢沉澱。想想最近讓你困擾的一件事。這情境是不是似曾相識？問問自己：「這個經驗想教會我什麼？」想像這份困擾化成一團煙霧，隨著呼吸慢慢飄散。光進來了，靈魂也鬆了一口氣。

這不是魔法，而是一種靈魂的淨化練習。自己一直都有選擇的力量。

方法二：用慈悲行動轉化業力

有時候我們最深的業力，不是來自他人對我們的傷害，而是我們還沒學會怎麼好好對待自己，或是原諒那些曾讓我們痛的人。當你願意以愛的方式回應痛苦，你就已經開始轉化它了。

在日常中，你可以這樣做：嘗試原諒一個讓你心痛過的人，即使只是說一句：「我願意釋放這段糾結。」這是一種非常有力量的療癒。當有人挑戰你時，練習用愛與理解看待對方，而不是第一時間就反擊。每一個選擇慈悲的瞬間，你的能量場都在變。業力也就在那一刻，被愛的能量包圍與轉化。

練習「放下」——不讓過去繼續消耗你的能量

很多人會誤會「放下」是妥協，是接受不公平。但我想說，放下不是認同對方，而是你選擇不再讓那段能量困住自己。怎麼開始練習放下？

- 寫一封信給那個曾經讓你痛的人——不用寄出，只是為了誠實地面對自己的情緒，把那些卡住的話釋放出來。
- 觀想練習——想像自己站在那個人面前，對他說：「我選擇放下這段傷痛，這不再是我的枷鎖。」
- 別忘了寬恕自己——很多時候，我們對自己比對別人還苛刻。原諒過去那個還不懂得如何愛自己的你，是非常關鍵的一步。寬恕不是懦弱，而是一種靈魂的成熟與力量。

靈魂習作

釋放那些根植於靈魂的業力痕跡

有些業力的影響，光靠理智或意志力真的難以轉化，因為它們早已深入到潛意識與能量層。這時候，靈性療癒就像是靈魂的深層清理。你可以嘗試這些方式：

- **催眠前世回溯**——回到前世靈魂的原點，看見某些反覆出現的課題是從哪一世開始的，並溫柔地釋放它。
- **能量療法（如脈輪平衡、靈氣）**——透過一些能量療法幫助你清理能量場中堆積已久的業力殘影，讓你的生命流動更順暢。我在靈魂事務所研發的量子水晶療癒，也是透過能量頻率調整堆積的能量阻塞。
- **書寫療法**——把你想釋放的過往寫下來，然後燒掉或撕掉，象徵靈魂對過去的告別。

有時候，我們以為放不下，其實只是還沒找到合適的方式療癒自己。

業力不只是行為的因果，也包含我們對世界的信念模式。如果我們一直相信「我總是吸引錯誤的人」、「我就是這麼倒楣」，那麼這種信念本身就會強化業力模式，讓相同的事情不斷發生。

靈魂筆記

第五章

療癒過去的創傷——談前世今生與生命經驗

我們的靈魂，就像一位旅行者，從一世走到下一世，背著一個裝滿故事的行囊，裡面有未完成的功課、放不下的情緒，還有一些我們早已忘記，卻依然影響著現在的記憶。

每一次的投生，都不是隨機或偶然，而是靈魂精心安排的旅程，只是為了讓我們學會更多、愛得更深、活得更真。

輪迴是什麼？我們為什麼會一再回來？

先跟大家分享一個我很喜歡的觀點：「這一生不是開始，也不是結束，而是靈魂學習中的一章。」

輪迴的概念，東方佛教、道教、西方靈性學說都有提到。它不是獎懲，而是靈魂的進修制度。每一世，我們都像是回到學校一樣，繼續上一課。

你可能會問：「我為什麼會有這些困難？這一生的功課到底是什麼？」

其實答案藏在你正在經歷的一切裡。

我們為什麼會輪迴？靈魂需要透過不同的人生劇本，學會更多的課題。有些事情我們在上一世沒做完，這一世會以不同形式出現，要我們面對、釋放、完成。人際關係、挑戰、愛、遺憾，這些都是靈魂安排好要你經歷的學習過程。

靈魂在每一世會自己選一個主題，有時候是「寬恕」、有時是「放下」、有時是「愛自己」。有些人一生都在等一個人或一個結果，靈魂是在學耐心。有些人總是在關係裡受傷，背後可能是靈魂想學會寬恕與放下控制。有些人天生就有療癒力，可能是因為靈魂在過去世已經當過導師、巫醫或靈性工作者，這一世是來繼續服務的。

當我們知道這一切不是偶然，而是靈魂自己安排的選擇，心就不會那麼苦了。你會更有力量，去面對每一個看似困難但充滿意義的經驗。

我們不需要急著知道前世是誰、經歷了什麼，最重要的是——這一世，你願不願意打開自己，去療癒那些還在影響你的能量？

因為當你真正去看見、去釋放，你不只是改變了現在的自己，還幫整個靈魂系統鬆了一口氣。而這，就是靈魂旅程最美的地方。

靈魂的進化歷程，走向更高的靈性層次

靈性修行是在找回那個完整、真實的自己。靈魂進化就像一步一步往山上走，有時風平浪靜，有時跌跌撞撞，但每一步都是靈魂在成長。

所謂靈魂進化，就是要提升振動頻率。振動頻率就是我們的靈魂狀態。當我們的能量提升，我們的視角會變、選擇會變，連遇到的人事物也會開始轉變。靈魂之所以會經歷種種挑戰，並不是要讓你受苦，而是幫你變得更覺知、更有力量、更接近愛的本質。

靈魂的進化三階段

初學者階段——靈魂的啟蒙：當靈魂還在「初學者階段」，就像剛轉學到地球這間大學的新生一樣，一切都很新、很陌生。這時候靈魂最在意的事情，會比較偏向物質層面，想要有錢、有安全感、被喜歡、被肯定、過得比別人好……這些想法完全正常。因為靈魂正在學的是：「我要怎麼好好活在這個世界上？」

常見的情況是情緒容易失控，要學習怎麼冷靜下來、不被情緒綁架；很容易被欲望牽著走，例如想要的就一定要得到、遇到挫折就不想努力；在人際關係裡會很在意別人的眼光，也常常搞不清楚自己真正的感受。

這個階段，就像是靈魂在上「人生小學」，學會站穩腳步、懂得照顧自己、開始分辨什麼是「想要」、什麼是「真正需要」。不是誰比較高級，而是每個人都得從這裡開始，慢慢走上屬於自己的靈性旅程。你在哪裡，靈魂就從那裡陪你走起。

進階者階段——靈魂的覺醒：當靈魂走到這個階段，就會開始冒出一些更深層的問題：「我到底是誰？我為什麼來到這裡？除了工作、賺錢、生活，還有什麼更重要的事嗎？」

這些疑問不是偶然，而是靈魂開始「醒來」的訊號。

你可能會對原本追求的東西（例如名利、關係）突然感到空虛，不再滿足於表面上的快樂，反而想探索內在的感受，開始接觸靈性、冥想、能量、自我療癒這類的話題，甚至覺得「終於找到一點答案了」。

這一階段靈魂要學的功課會比較深，要學著放手，不再硬要控制所有事，接受有些事發生有其意義。練習無條件的愛，不只是愛對自己好的人，也學會用理解看待那些讓你痛的人。跳脫「非黑即白」的思維，很多事情並不是非對即錯，很多情緒其實可以同時存在。

到了這個階段，你會開始明白：真正的力量，不是來自於掌握多少外在成就，而是你能不能在混亂中，穩穩地站在自己的中心點。你開始不再只是活著，而是開始活出靈魂的感覺。

高頻靈魂階段——靈魂的服務與回歸：如果你發現自己總是對療癒、靈性教導、能量工作特別有感，或是從小就對「人生的意義」很敏感，甚至有一種說不出的使命感，那麼，你可能就是走在高頻靈魂的路上。

這一階段的靈魂，已經歷過許多輪迴的學習，有些人甚至隱約記得：「我以前就做過這樣的事。」你可能對陪伴療癒、傳遞能量或創造靈性內容，有一種自然的熟悉感。

高頻靈魂的特徵是靈性直覺很強，能感受到他人的情緒、能量，甚至是訊息。內在很清楚自己不是只是來過日子，而是來「完成某個任務」。正在學習如何把靈性落地，不只是在冥想或儀式裡體會靈性，而是把它活在日常裡，例如在工作中注入愛，在家庭中帶入平衡。

高頻靈魂不是「比較厲害」，也不是來教訓別人的。他們的角色比較像是靈魂旅途上的「溫柔路燈」，照亮別人的同時，也提醒自己不忘初衷。

他們最大的功課，反而是學會在這個人世間——既接地氣地活著，又不忘天上的光。

這是一種來自愛的服務，是靈魂準備回歸源頭前的最後旅程。走在這條路上的你，謝謝你願意來到這裡，成為愛的橋樑。

不論你現在在哪個階段，你都在對的路上。

很多人會焦慮：「我是不是還停留在初學階段？我是不是進步太慢？」但靈魂的旅程從來就不是比速度，而是比真實。

沒有人一出生就什麼都懂，每一次心碎、每一次困惑、每一次你願意靜下來聽聽自己，都是靈魂在慢慢往上走的一小步。

你不需要勉強自己「跳級」，也不需要急著變成「高頻靈魂」的樣子。只要你願意多一點覺察，多一點愛自己，靈魂就會回應你。

真正的進步不是你學了多少宇宙法則、讀了幾本靈性書，而是你在日常裡開始做出一些不同的選擇：面對情緒不再逃避，願意原諒、願意理解，更誠實地活出自己。

運用輪迴的概念，療癒過去的創傷

當我們在人生中遇到那些反覆出現的痛苦、無法解釋的恐懼，或是總覺得「為什麼我老是遇到這種事」時，那些卡住我們的感覺，其實是來自靈魂很久以前的記憶——也就是前世的經驗。

為什麼靈魂會重複學習？因為靈魂想成長、想提升振動頻率、想變得更靠近愛與完整的狀態。每一次輪迴，就像是回到學校上不同的課，補上還沒完成的功課。

不只是為了自己而已，更是為了在整個靈魂群體中，貢獻愛、智慧與療癒的能量。當一個靈魂進化了，它帶來的頻率會影響整個靈魂場域，這就是所謂的集體意識的提升。

那我們可以怎麼療癒前世的創傷呢？這時候可以傾聽靈魂的訊息，來回溯內在感受。可以透過冥想、靜心、深層催眠（例如前世回溯）、書寫與內在對話，去連結那些潛藏在靈魂深處的記憶與訊息。你不一定需要「看到畫面」，有時只是一種情緒的釋放，就已經是療癒。

有一位來訪者從小對水非常恐懼，連游泳池都不敢靠近，但家人說她從來沒有溺水經驗。在一次催眠引導中，她突然浮現一個片段：自己在古代某個時代，被關進一艘沉船裡。她沒有「看到電影畫面」那麼清楚，但那種窒息感、無助感強烈到她當場落淚。

療癒發生在她願意去感受那股情緒、接住那份恐懼的時候。之後她再面對水，心裡變得柔和許多。

有個朋友總是很想談戀愛，可是一遇到對方太靠近、關係變得穩定時，她就開始焦慮、想逃。她自己也說不出為什麼：「對方沒做錯什麼，但我就是很怕失去、很怕被傷害。」

在一次靜心書寫中，她寫下了一句話：「我曾經把最愛的人留在戰場上，我不配再被愛。」她根本不知道那是哪來的記憶，但那一刻她突然淚流滿面，心裡某個東西鬆動了。那是一段靈魂的記憶，透過文字浮現出來，讓她終於可以釋放那份深藏的自責與遺憾。

有些人從很小就有一種說不上來的「哀傷感」，像是在靈魂裡空了一個人的位置，卻不知道那個人是誰。

這種情緒，有時在催眠前世回溯中會顯現出來：也許他曾在某世失去摯愛，或是自己在戰亂中與家人分離，甚至在出生時就帶著這份「離別」的記憶。當這些潛意識的畫面或感覺被釋放出來，不用多說什麼，身體與情緒就會自動開始修復與釋懷。

學會放下、原諒，讓能量流動，有些我們一直以為是「自己的缺陷」的情緒，其實是靈魂很久以前就帶來的創傷記憶。

一位個案跟我說，她談戀愛總是很黏人，對方稍微沒回訊息她就慌張。她也覺得自己「太沒安全感」，想改但改不了。

在前世催眠中，她浮現一個畫面：她曾是個戰亂時期的母親，眼睜睜看著孩子被帶走，卻無能為力。那一刻她淚崩，因為她終於懂了——她的「不安全感」不是現在才開始的，是靈魂還沒從那次失去中恢復過來。療癒就從這裡開始。她開始對自己說：「妳可以慢一點，這次不會再被留下了。」

有一位朋友很善良，對誰都很好，但她常說：「我對人這麼好，為什麼總是被忽略？」

她在做靜心書寫療癒時寫到一句：「我這一世是不是也只是來償還什麼？」然後她開始想起過去一種「為族群而犧牲」的感覺——像是她在某世選擇了犧牲自己來拯救整個家庭或社群。

當她看見這段靈魂記憶後，她開始學習「愛不是犧牲自己」，而是也把自己放進愛裡。

靈魂就像一顆擁有無限記憶的種子，帶著每一世的經驗與感受，繼續在下一次生命中發芽。我們常以為過去就應該結束了，但對靈魂來說，時間是流動的，每一世的記憶與能量，並不會在轉世那一刻就消失，反而會深藏在我們的潛意識中。這些記憶是一種持續影響我們行為、情緒反應，甚至是身體感受的頻率。

前世的創傷會如何在今生「出現」呢？有些人從小即使生活平穩，內在卻總感到一種孤單或空洞感。這可能是前世曾經歷重大失落，靈魂還沒釋懷，這份悲傷就延續到了今生。有人總是對未發生的事情焦慮過度，可能來自過去一世突然被毀滅的生命經驗，靈魂還活在「隨時會失去」的警覺中。

有些人在夢中常常看到相同的場景、穿著不同年代衣服的人，甚至在異地旅遊時對某個地方有「我好像來過」的感覺，強烈得無法忽視。這些都可能是前世記憶正在透過潛意識浮現。

也有人會在身體或能量療癒過程中，突然感受到某種畫面、年代或事件，雖然無法證實，但那份「情緒的真實」是靈魂的語言。

前世曾經因表達自我而被打壓，今生就可能總是害怕說出自己的想法，甚至不自覺壓抑自己。如果前世曾因追求靈性而被排擠、處刑，那麼今生可能對靈性議題感興趣，卻又帶著一種矛盾或恐懼。

這些信念像是一層無形的網，把我們限制在一種「看不見的恐懼裡」，直到我們有意識地去面對、理解並轉化它。

你是不是在人際關係中，常常出現以下情況：總是遇到控制欲強或讓你焦慮不安的人，他們一出現，你就有莫名的情緒，愛恨交織卻又說不出為什麼；跟某位親人怎麼努力都無法好好相處，關係總是緊張。

我想說的是，我們回顧前世，不是要你活在過去的故事裡，而是為了幫助你「看見」那些你一直想放下，卻總放不掉的東西。前世是地圖，但「現在」才是你真正擁有力量的位置。靈魂願意你自由，而不是困在過去。

當我們開始深入探索靈魂的旅程，有些人會在前世回溯中驚喜地發現，原來自己曾經是個療癒者、藝術家、領導者，甚至是一位修行者，曾擁有某種與生俱來的天賦或使命感。

但有時候，這份力量在過去某一世中被壓抑了，甚至被封印起來，原因可能是曾因分享靈性智慧而遭到誤解、甚至迫害（像中世紀的女巫獵殺），曾因太過敏感或擁有非凡能力，而選擇封閉自己以求自保，曾許下「我不再使用這份能力」的靈魂承諾，導致今生總覺得對自己的力量沒信心。

我曾陪伴一位個案進行前世回溯，他看見自己曾是位懂得草藥與能量療癒的女性，但那一世他選擇隱藏自己，因為身邊的人無法理解他，甚至恐懼他。當他明白這段故事的來龍去脈後，整個人像是被喚醒一樣，他說：「我突然覺得，療癒根本是我靈魂的使命。」於是他開始學習靈性療癒，也開始幫助更多人。

前世的記憶、關係、印記，像是沿路的風景，有些會給你指引，有些則可能讓你陷進過去的糾結。若你忘了此生的方向，就容易把靈魂困在舊有的課題裡，走不出來。所以與其問：「我前世是誰？」不如問：「我這一生最想活出什麼樣的靈魂狀態？」

把前世看成是參考，不是終點。你真正的力量，不是在記憶裡，而是在你現在每一個有意識的選擇裡。不要讓前世故事成為你腳下的絆腳石，那些過往只是過程，而你的靈魂目標，才是你真正該走的方向。

靈魂習作

什麼是前世回溯？

回溯，不是為了停留，而是為了釋放。所謂的前世回溯，是一種讓靈魂記憶慢慢甦醒的方式。透過深度的冥想、催眠，或者是意識引導，我們可以進入內在很深的靈魂層次，找回那些雖然忘了，卻仍然影響著我們現在生活的重要片段。

自我引導的回溯（適合初學者）

這種方式最適合已經有點冥想經驗、願意靜下心來與自己對話的人。練習步驟如下（大概十五到二十分鐘就可以完成）：

步驟1：創造一個讓你安心的空間。找一個安靜、不被打擾的地方。你可以點蠟燭、點香，像薰衣草或檀香都很好，讓氣氛安定下來。坐著或躺著都可以，只要你感覺舒服。閉上眼睛，做幾次深呼吸。慢慢吸氣，慢慢吐氣，感覺身體越來越放鬆，越來越安靜。

步驟2：設定你的意圖。在心裡告訴自己：「我準備好要回溯我的靈魂記憶，找到一個對我有意義的片段。」你也可以聚焦在某個問題，比如：「我為什麼對水有莫名的恐懼？」「我跟某個人之間，是不是有前世的連結？」意圖就像是靈魂的GPS，它會帶你去你該去的地方。

步驟3：進入前世通道。現在，想像你站在一條走廊前面，兩旁有很多門。每一扇門，都代表你的一段靈魂記憶。不用選太久，讓你的直覺帶路。哪一扇門吸引你，就走過去，慢慢打開它。看看你的靈魂會帶你去哪一段過去。

步驟4：觀察、感受、理解。門打開後，你可能會看到某個場景，或突然有一種情緒湧上來。也有可能你什麼都沒看到，但你「知道」那是什麼。問問自己：「我看到／感受到的這一段，對我靈魂來說有什麼意義？」「它跟我今生的哪些困擾有關？」

如果你發現那是一段痛苦的經驗，也沒關係。你可以在心裡說：「我感謝這段記憶，它曾教會我什麼。現在，我選擇釋放它，讓它自由。」這是一種溫柔的放手，不用逼自己馬上好起來，只是讓它慢慢鬆動。

步驟5：回到現在，寫下收穫。當你覺得那段旅程差不多了，就慢慢從那個場景走出來，回到那條走廊，然後再回到你現在的身體裡。動一動手指腳趾，深呼吸幾次，睜開眼睛。拿起筆，把剛剛的體驗寫下來。你看到了什麼？感受到了什麼？有什麼收穫？

透過夢境回溯（讓靈魂在夢中說話）

有些靈魂的記憶，只會在你放下意識時悄悄浮現。夢境，是靈魂最愛說話的時候。尤其是那些反覆出現的夢、陌生卻感覺熟悉的場景、讓你醒來還心跳加速的情節，都可能藏著前世的線索。怎麼利用夢境來回溯？

1. 睡前閉上眼睛，在心裡輕輕說：「請讓我透過夢境，看見與我此刻課題有關的前世片段。」

2. 如果夢裡出現了強烈的感受、陌生的地方、古老的衣服或語言，請記下來，這些很可能來自你的靈魂記憶。
3. 醒來後趁記憶還鮮明，把夢寫下來，然後靜靜想想：它想告訴我什麼？它跟我現在的生活，有什麼關聯？

很多前世的訊息，其實早就藏在你的夢裡，只是你以前沒有特別去探索。

透過催眠或引導回溯（適合需要幫助的人）

如果你覺得自己一個人比較難進入狀態，或是想探索得更深一些，可以考慮讓專業的引導者陪你一起。可以嘗試這些方式：

- **前世催眠**：專業催眠師會用安全的方式帶你進入潛意識，喚醒你靈魂裡深藏的記憶。很多人第一次就有很強烈的感受。
- **引導式冥想**：跟著語音或音樂的節奏，讓自己的意識慢慢轉換頻道，進入高維的靈魂記憶中。

● **頌缽與頻率音樂**：特定的聲音頻率可以讓腦波放鬆，更容易打開記憶之門。當你面對一些一直無法解開的課題時，一位專業而有經驗的引導者，就像是一盞燈，會照亮你回家的路。

保持一顆開放的心，不要強求畫面或情節，就讓一切自然發生，專注在感受和內在的領悟。如果有情緒出現，請允許它來，也允許它走，不需要壓抑。每次回溯完，建議寫下你的體驗，這些細節會在之後的日子裡，慢慢串聯起來。

如果你願意靜下心來，靈魂會一點一滴把記憶還給你。因為你從來都沒有忘記，只是暫時放在靈魂深處，等你準備好再去打開它。

靈魂習作

此生靈性成長的三個關鍵步驟？

這一生的靈性成長，不只是為了讓我們過得更好、更清明，它還會深深影響我們靈魂未來的進化方向。

這一生的你，走多深、看多遠，會決定下一世的靈魂能飛多高。所以，別小看每一次自我對話、每一次選擇療癒自己的決心。那不只是當下的改變，更是一場靈魂未來旅程的鋪路。

步驟1：自我覺察，看見自己的靈魂課題。「你現在的人生模樣，其實就是你靈魂課程的一部分。」有沒有發現有些情境總是反覆出現？只要你願意開始覺察，靈性的旅程就已經悄悄啟動了。

練習方法：每天給自己五分鐘靜心，深呼吸後，在心裡問自己：「今天發生的事，教會了我什麼？」不管是好事還是挑戰，當你能看見它背後的意義，就是靈魂在成長的證明。

步驟2：內在轉化，釋放過去，迎接新的頻率。真正的轉化來自於願意鬆手。當你慢慢放下那些不再屬於你的情緒和執著，你的能量就會開始改變，靈魂的頻率也會悄悄提升。

練習方法：找個安靜的時間，寫一封信給「過去的你」，告訴他（她）：「謝謝你曾經經歷這些，也謝謝你撐過來。現在，我準備好釋放這一切，迎接新的自己了。」之後可以選擇把這封信燒掉，或埋進土裡，就像是一個儀式，象徵你真的和過去好好道別了。當你這麼做的那一刻，轉化就已經悄悄發生了。

步驟3：行動實踐，讓靈魂在生活中落地。靈性不是離開生活，而是活出更真實的自己。因為靈性的修行，從來不是只有在冥想墊上的事，而是發生在你和他人說話的時候、你選擇面對情緒的方式、你怎麼回應生命中出現的人和事。

練習方法：選一件日常的小事，刻意帶著靈性的覺察去做。例如：洗碗時專心感受水流、散步時與樹說說話、面對家人時練習真正傾聽。這些微小的行動，就是真正的「落地」。

靈魂習作

如何辨別靈魂記憶對我們的影響？

靈魂的記憶，不只是過去的回憶，而是會成為你今生的直覺、本能，甚至是無意識的選擇動力。我們的靈魂，記得它曾經走過的每一段路。雖然在出生的那一刻，這些記憶被暫時封印，但它們並沒有真正消失，而是透過行為習慣、偏好、情緒反應等方式，默默影響著我們。

透過「無意識的偏好與吸引力」顯現

- **語言的熟悉感：**有些人從來沒正式學過日文或西班牙文，卻對那個語言特別敏感，甚至聽了會感動、會流淚。我曾遇過一位學員，一聽到藏文的誦經聲就莫名激動，後來回溯時才發現，靈魂曾在藏地修行過。

- **對歷史時代或文化的偏好：**有人從小就對埃及文化、古羅馬時代或某個民族服飾特別著迷，甚至看那類型的電影或博物館展覽會莫名感動。像是有位朋友從小就夢想當古埃及女祭司，長大後卻不知為何非常抗拒穿金色飾品——回溯後發現，她確實曾是古埃及女祭司，但在那段時間因背叛而失去信任，也失去了自己。
- **旅行時的情緒反應：**你可能去到某個國家，第一次踏上那片土地，卻感覺像「回家」一樣安心；反過來，也可能一踏進某個城市，就莫名煩躁、想逃離，卻不知道原因。我曾遇過一位來諮詢的個案，第一次去法國南部就感動得想哭，後來前世回溯時才知道，她曾在那裡經歷過一段非常純粹的愛。

透過「未解的恐懼與創傷」影響今生的情緒

「有些害怕，不是你做錯了什麼，而是靈魂還沒來得及釋放那段記憶。」這些恐懼，不見得來自今生的經驗，而是靈魂曾經經歷過的痛，還留存在能量體裡。

常見的例子包括：懼怕水，可能前世有溺水的經驗，靈魂仍對水保有本能的防衛。害怕高處，可能靈魂曾經歷過墜落或高處死亡的創傷。對某種聲音、武器或氣味特別緊張，可能來自前世的戰爭、處刑或逃亡經歷，身體還記得當時的危險。那麼，我們可以怎麼陪伴自己、轉化這些靈魂的恐懼呢？

分享幾個簡單又實際的方法，讓你在日常生活中就能溫柔處理這些深層感受：

- **先承認：我正在害怕，這是正常的**。最重要的第一步，不是對抗或壓抑，而是允許自己感受這份恐懼。你可以對自己說：「我不知道為什麼會這麼怕水（或高處／聲音），但我願意陪自己一起看見它。」不需要急著處理，只要你願意「看見」它，靈魂就已經開始鬆動了。
- **溫和地靠近，用儀式感或小練習陪自己慢慢靠近**。懼怕水的人，試著從溫水泡腳開始，讓自己對水建立安全的感覺，不用馬上跳進水裡。怕高的人，可以從登上一層樓的小陽台開始，深呼吸，觀察身體的感覺，用手輕輕摸牆、找回地面感。對聲音敏感的人，可以試著播放柔和的頻率音樂或頌缽，讓身體習慣聲音的震動，同時跟身體說：「現在是安全的。」這些不是「要你不怕」，而是陪伴靈魂重新建立安全感。

- **寫信給恐懼：讓潛意識有出口**。找個安靜的時間，寫一封信給你的恐懼，比如：「親愛的懼高的自己，我知道你害怕。我不會強迫你改變，我只是想理解你。你是否曾經從高處摔下？那次的痛苦還在你心裡嗎？我願意陪你慢慢放下……」寫完後，可以選擇燒掉、埋起來，或放進一個「靈魂療癒盒」中，象徵你願意讓它有一個出口。

如果你願意深入，也可以進行前世回溯療癒。有時候，靈魂記憶需要透過催眠或深層冥想引導，才能完整釋放。這不是每個人都必須這麼做，但如果你感到卡住很久，也許這是一種讓你重新認識自己的方式。

透過「人際關係的靈魂契約」顯現

當我在靈魂溝通時，看見某段人際關係背後的能量時，常會發現你們早就認識彼此了，只是這一世以不同的身分、不同的劇本，再次相遇。

這些，都可能來自「靈魂契約」。在能量場中，這些前世的羈絆會顯現出來，有時像是兩個靈魂之間纏繞的鎖。而那條鎖的能量狀態，往往會透露：哪一方的靈魂卡得比較深？誰在這一世背負著更多的功課與學習？你們的關係，是來學習放手、還是來學習堅持與支持？

靈魂的記憶不會忘記彼此，每一次相遇，都是一個機會——讓你更理解自己，也更理解愛。因為所有的靈魂契約，本質上都是為了讓我們成為更完整的自己。

轉化靈魂記憶的小練習

靈魂的記憶悄悄地影響著我們的現實人生。它是一份禮物，提醒著我們——只要願意看見與理解，靈魂便能開始轉化，重新拾回那份屬於自己的力量。

小練習：進入靈魂覺察之門。寫下你生命中經常出現的「情緒循環」或「人際困境」，然後試著補上這一句：「我總是＿＿＿＿，也許我的靈魂曾經＿＿＿＿。」

例如：「我總是害怕被遺棄，也許我的靈魂曾經經歷過孤獨與失去。」「我總是在成功前放棄，也許我的靈魂曾因能力被打壓而選擇退縮。」

當我們意識到問題的根源，它便不再主宰我們的未來。

靈魂筆記

第六章

走進你的平行世界——關於時間線的概念

「如果你今天做了一個不同的選擇，你的未來會如何改變？」

我們通常認為時間是一條單向的直線，但越來越多的靈性與量子物理學研究顯示，時間是一張錯綜複雜的網絡，由無數的平行時間線交織而成。我們的每一個決定、每一個念頭、每一次選擇，都會開啟新的可能性，創造不同的未來。

時間不是一條線，而是一張網

「未來不是注定的，而是動態創造的。」

傳統觀念認為，人生就像在軌道上跑，從出生到死亡、從過去走向未來。但其實未來是有很多版本的，而且它們全部都「同時存在」。

靈魂可以同時學習多條時間線的經驗，雖然我們在這一生只能活出其中一條，但你的靈魂可能同時在經歷多條可能，從中學習、整合、進化。

在我的服務裡，除了靈魂溝通之外，「時間線」是我最常看見、也最關鍵的一個部分。你現在可能在許多靈性圈裡聽過「多重宇宙」或是「多維空間」這些詞語，但對我來說，一個人所展現的「時間線」並不是一條固定的路。它不是命定的劇本，而是許多版本、無數可能同時存在的現場直播。

換句話說：你的人生不是注定的。

你現在的每一個覺察、每一個選擇，都是通往不同未來的重要節點。每一個看似平凡的選擇，都可能讓你從一條時間線跳到另一條完全不同的版本。

如果你看過電影《哈利波特》（*Harry Potter*）裡那個會不斷移動的樓梯，你就能理解我所看到的時間線是什麼感覺。每一次你在人生的交叉口做出選擇，就像踏上一段新的樓梯，它會把你帶向不同的劇情版本、不同的生命場景。有時候，我會看到這些場景中你正在喝的咖啡、身邊的人、你做的事，甚至你講的話——一切就像一面巨大的電視牆，上面同時播映著數百數千個版本的「你」。

每一部戲劇幾乎都已經排演好，只等你選擇進入。但你不需要為了「選對」而焦慮，你只需要在當下這條時間線上，活得精彩。

所以，如果你此刻覺得人生太無聊、太停滯，或者你真的很想突破當前的困境，那麼——跳躍時間線，就是你最值得學會的能力。

那要怎麼跳？首先，你必須忘我。所謂「忘我」，是當你全然投入在一件事裡，不吃不睡也甘之如飴，充滿熱情、渾然忘記時間的存在——那種狀態，會震動你現在所在的頻率，讓你開始脫離原本的時間線。

這一刻，就是你轉換人生版本的起點。

舉個例子，如果你今天決定辭職，去做自由工作，那你未來可能會遇到不同的工作機會，甚至搬到不同城市，交到新朋友，走上一條完全不同的靈魂路線。如果你選擇留下來，你也會經歷另一種穩定，甚至可能在現職中發現新的價值。這兩條路都不一定哪個比較「好」，但每條時間線都會帶來不同的靈魂成長方向。

過去並不完全決定你的未來，真正有力量的，是你現在的每一個選擇。

很多人會問我：「我到底該怎麼選？我怕選錯。」但沒有真正的「錯誤時間線」，只有你選擇要經歷哪一種學習。

你不是只能被命運帶著走，你本身就是創造未來的設計者。當你開始看見時間線的概念，每一次勇敢的選擇，都是在創造一個更靠近靈魂願景的未來。

用時間線改變未來

在傳統的時間觀念中，我們認為時間是從過去流向未來的一條直線。然而，靈性與量子物理學的研究告訴我們，時間更像是一張多重交錯的網絡，充滿無限的未來可能性。

時間線的核心概念：

- **多重未來存在**：你現在做出的選擇，將決定你進入哪條時間線，每個選擇都會產生不同的未來結果。
- **每個決定都是分岔點**：當你在關鍵時刻選擇了一條道路，你的另一個可能性並未消失，而是在另一條時間線中持續發展。
- **所有時間線同時存在**：我們的靈魂可能在不同的時間線中體驗不同的可能性，並從中學習。

簡單來說，過去並非絕對決定未來，而是「此刻的你」正在選擇哪條未來路線。如果你今天選擇去某個地方旅行，你可能會在那裡遇見改變你人生的人，而如果你沒去，那條可能性仍然存在於另一條時間線上。也就是說，你現在的每一個念頭和選擇，都在決定你會進入哪一條時間線。

而靈魂是如何在時間線中運作？

- **高頻率的時間線**：當你的心念是清晰的，你選擇跟隨直覺，願意相信、願意冒險、願意往前走，你會自然進入一條比較「順」、「開」、「有支持感」的時間線。

舉例來說：你明明很害怕，但還是鼓起勇氣報名了一場靈性工作坊。結果在那裡遇到了一個貴人，改變了你接下來一整年的方向。你選擇原諒某個曾經傷害你的人，結果你內在變得更自由，也吸引來一段新的、更健康的關係。

- **低頻率的時間線**：如果你在重複恐懼、逃避、懷疑自己的模式中打轉，你可能會卡在一條比較混亂、情緒起伏大，甚至狀況連連的時間線。舉例來說：你一直很想換工作，但因為怕「沒有更好的」，就一直撐著，結果每天都好累、情緒也越來越低落。你明知道某段關係對你不好，但還是留在那裡，不敢離開，結果生活越來越沒有熱情。

- **多條時間線可以交錯：**時間線可以「切換」。最神奇的地方在這裡！你不是一旦走進某條時間線就不能回頭。靈魂是可以轉彎的。你隨時都可以透過意識的覺醒，來療癒過去、改變信念與行動，跳到一條新的時間線。舉例來說：你突然意識到：「我一直覺得自己不值得被愛，是因為童年被忽略。」於是你開始做內在小孩療癒。慢慢地，你吸引到越來越多溫暖的人，感情也變順了。你一直覺得自己沒有能力做喜歡的事，直到有一天換了一個信念：「我不需要完美才能開始。」於是你邊做邊學，結果新工作機會自己找上門。

很多人會說：「我是不是錯過了最好的那個時間點？」但只要你在此刻覺醒、此刻選擇改變，時間線就會跟著調整。生命不怕你走錯，只怕你一直不敢轉彎。就算你之前選錯了、卡住了，也可以「重新導航」！你現在的狀態，是某個選擇的結果，但你永遠可以選擇新的未來。

接下來，你可能會問：「如果未來是多重的，我要如何選擇最好的時間線？」也有很多人問我：「既然未來有那麼多種可能，那我要怎麼知道我走的是哪一條？」

你每一個當下的情緒、念頭與行動，都是在為你的靈魂導航。不是未來等著你去碰運氣，而是你正在用現在的狀態，創造你要的未來版本。

為什麼「忘我」可以幫你超越你的時間線？

你可以想像，你的腳死死地黏在你現在這條時間線上——這條線可能來自於你家族的業力、來自前世的因果、來自過往生活的制約，甚至來自你腦海中那股「不可能」的意念：「我不行」、「我沒辦法」、「我就是這樣」。

這些聲音和能量，把你牢牢地釘在一個版本的自己裡。而「忘我」——就是搖晃靈魂頻率的震盪器。

它會讓你換一顆腦袋，走上一條全新的思考路徑。有時候你會覺得那太天馬行空、太荒唐、太瘋狂。但正是那些「瘋狂的事情」，才真正讓你跳脫舊有框架，忘掉那個「原本的我」。

忘我，就是忘記你以為的自己。

當你開始做一些讓人跌破眼鏡的事，比如年紀很大才去環島，或者在別人都說不可能時，你開始為你的理想生活努力——那就是你在震動原來的時間線，你開始打開通往新版本的門。

很多人會說：「這不就是把人生過得精彩嗎？」是的，太多人總是在時間快不夠時，才開始活出真正的自己。這並不是你晚了，而是你終於開始超越原來的劇本。

所以，別等到生命逼你走到轉彎處，你才回頭問：「我可以嗎？」現在就可以，從一件讓你熱血沸騰、全然投入、瘋狂到忘記時間的事開始。這，就是你跳躍時間線的鑰匙。

靈魂習作

「時間線跳躍的五步驟」教學引導

步驟1：改變內在信念，承認你「不想繼續這樣下去」。

你相信什麼，就會進入那條時間線。如果你一直覺得自己無法成功，你的靈魂會進入一條「受限的時間線」；當你開始相信自己擁有選擇權，時間線將開始轉變。

每天誠實地對自己說一句話：「我不想一直活在這個版本裡。」也許你感到枯竭、無趣、重複、被困住，那不是你的錯，只是你已經待在這條時間線太久了。覺察就是轉變的開始。

練習：寫下目前你生命中最不想再重複的三件事。

步驟2：啟動靈魂的渴望雷達。

這是一個與你「內在真正渴望」連線的時刻。請閉上眼睛，深吸一口氣，然後輕聲問自己：「如果可以跳到一個完全不同的版本，那個版本的我，在做什麼？在哪裡？是什麼狀態？」

不用理會腦袋裡那個批評者。請你放鬆，讓畫面自然浮現。你可能會看到自己住在安靜的森林裡；你可能看到自己站在台上，自信地分享你的故事；你可能正在做一份你熱愛的工作。記得，不用懷疑它，只要接收它。

練習：寫下「那個版本的我」三個特質（例如：自由、創造力、有愛）。

以下是一些靈感範例：

我是自由的，不再被情緒或他人期待綁架。

我是有影響力的，我的存在能啟發別人。

我是充滿創造力的，每天都能做喜歡的事。

步驟3：找到讓你「忘我」的事。

這一步，是整個跳躍時間線最關鍵的核心頻率。時間線之所以牢固、無法改變，是因為我們每天都在重複做那些「自動駕駛」的事，在日復一日的習慣裡慢慢鎖死在原地。但當你進入「忘我狀態」的那一刻，頻率就會開始震動，時間線也會開始鬆動。

有些人會說：「我寫文章時一寫就五小時，不知道時間怎麼過的。」也有人說：「我跳舞、畫畫時，覺得靈魂回家了。」還有人說：「我一個人旅行時，好像才真正是我自己。」這些狀態就是你在某個頻率上，成功進入了其他版本的你。

忘我的靈魂入口可能有哪些？這裡提供常見的「忘我活動」範例，幫助你找到自己的門：

- 當你在畫畫時，覺得世界很安靜，只有你和畫布。
- 當你寫作、創作時，文字像是自動流出來。
- 當你在山裡獨自走路，聞到空氣的氣味，時間就停了。

- 當你跳舞、唱歌、演奏音樂，你覺得那才是真正的你。
- 當你照顧植物、種花種菜，心裡感到滿足。
- 當你做手工、拼圖、整理空間，覺得像在冥想。
- 當你在跟靈魂對話、做能量工作，你覺得內心很清明。
- 有些人甚至在做菜、洗澡、開車、煮咖啡時，也會進入這種狀態。

練習：列出三件你曾經做了會忘記吃飯睡覺的事，這些是你跳線的入口。

步驟4：每天行動一小步，對新時間線示意「我準備好了」。

你不需要搬家、換工作，或跟全世界斷聯。你也不需要等到所有條件都「剛剛好」才開始。跳躍時間線從來就不是一場大爆炸，而是一種每天一點點的選擇、一點點的頻率調整。

你只要每天做一件事情，是「那個版本的你」會做的事。例如：

- 那個版本的你是每天閱讀的人，那就現在翻開那本你買了卻一直沒讀的書。

- 那個版本的你很重視身體健康，那今天出門散步十五分鐘。
- 那個版本的你會主動擁抱新機會，那今天報名一個靈魂想學的課程。
- 那個版本的你懂得建立連結，那就傳訊息給一個讓你感到溫暖的人。
- 那個版本的你不再苛責自己，那就對自己說一句：「我已經很好了。」

為什麼這樣的小行動能帶你跳線？因為你不是「做事」，你是在發出一個頻率訊號，是靈魂透過行動，向宇宙說：「我準備好了。」

當這個念頭不是別人灌輸給你，而是你為自己做的選擇，那個頻率就會變得非常有力量、非常真實，靈魂會聽見。這個念頭可能是一個信任、一個期待、一個敞開，它同時也可能是一個對「舊我」的告別。

練習：從今天開始，每天做一件「那個版本的我」會做的行動，連續二十一天。

步驟5：靜心、接收、同步。

很多人以為，跳躍時間線需要「做很多」，但真正的祕密是：你是否清楚「連線」了？當你完成前面四個步驟，你的能量已經開始流動、開始鬆動舊有的時間線。而這一步，就是讓新的時間線有機會「落地」，成形在你的場域裡。

練習每天花三到五分鐘靜心，閉上眼睛，安靜地呼吸。讓你的意識進入一種平靜、柔軟但清楚的狀態。然後觀想：

- 你已經站在新的時間線上。
- 你正在看著那個未來的自己一步一步朝你走來。
- 未來的你穿著什麼樣的衣服？
- 未來的你散發出什麼樣的氣場？
- 未來的你的眼神裡，有什麼樣的光？
- 未來的你有著什麼樣的生活節奏、情緒、語氣、選擇？

你可以感受到新的時間線正在融合，正在同步頻率。為什麼這一步這麼重要？因為當你真正對焦未來的自己，你就在潛意識裡對宇宙說出一個非常明確的訊號：「我已經看見他，我知道他是我，我準備成為他。」這是一種信念的轉換、一種正在創造未來版本的「即時同步」行動。

你也可以這樣感受時間線正在改變：你可能一開始感覺不到什麼，突然某一天你發現，你還在原地、身邊的人事物也都沒變，但你內在的情緒與感受已經不一樣了。你開始不那麼糾結，不再反覆懊悔，不再感到痛苦。你有一種輕盈感，甚至覺得昨天的自己有點陌生，好像脫殼一樣，舊的情緒不再附著你。

如果你有這種感覺：恭喜你，你已經跳線成功了！

練習引導語：「我準備好了。我選擇新的頻率、新的故事、新的我。時間線為我打開，一切已經開始轉動。」

靈魂習作

如何在跳躍時間線時，覺察自我的能量掌握力？

當我們談到跳躍時間線時，每一次的跳躍，都帶著不同的頻率與狀態。換句話說，你現在進入的，是哪一層的時間線版本，取決於你目前能量高度與內在掌握力。用更白話的方式來說：如果你現在的能量只夠跳到「二樓」，那你就只能看到二樓的風景、遇到二樓的人事物；但如果你能提升到「五樓」，你眼前的世界就會完全不同，視野變得更寬廣，遇到的機會也更豐富。

那麼，要如何跳得更高，看到更寬廣的未來？這就跟你對自己的情緒掌控、能量狀態、信念清晰度有極大的關係。當你的能量是穩定的、提升的、聚焦的，你所共振到的時間線就會更清明、更有力量。

跳線不是「逃走」或「幻想」，而是一次次更深層的內在整合與意識進化的旅程，當你覺察自己目前處在哪個能量狀態，你就開始擁有調頻的能力。而當你能有意識地做出與靈魂對齊的選擇，那一刻，你就正在轉線。

這裡提到的能量掌握力，不是讓你永遠保持高頻，而是你知道自己現在的狀態是什麼，然後知道怎麼幫自己回到比較舒服、比較穩定的狀態。就像走進一個黑房間，不是要你不怕黑，而是你知道「燈在哪裡」，去把燈打開，你不用會通靈、不用打坐三小時才知道自己能量好不好。

只要看以下幾個小地方，就能馬上知道你現在的「內在天氣」是什麼樣子：

- **身體給你的小暗示**：最近是不是特別容易累？睡再多還是醒來頭昏腦脹？肩膀硬得像石頭？肚子怪怪的？老是想吃炸的或甜的？這些都是身體在說：

  「欸欸欸，我累了！我壓力很大！」

- **情緒在幫你按電鈴**：容易生氣、動不動就心煩氣躁？一點小事就想哭、覺得心裡卡卡的？還是你今天特別平靜、心情很好？情緒就是你內在能量的即時語音助手，真的不用靜心也能「聽見」。

- **聆聽腦袋裡播放的語音**：是不是一直在想「萬一怎樣怎樣就慘了」，還是你比較常在想「沒關係，我相信會有辦法」？想法是你能量的風向球，你越想害怕的事，你的能量就越縮；你越有彈性、願意相信，能量就會展開。
- **覺察生活中的「重播劇情」**：怎麼最近老是跟人吵架？還是這幾天突然好事一直來，很多邀約、很多靈感？這就是你的「外在鏡子」，你的能量在反映你最近的狀態！

覺察自我，一個超簡單又有感的小練習

請你拿張紙，寫下：

- 今天你出現最多的三種情緒（例如：焦慮、平靜、煩躁）。
- 今天你身體的三種感覺（例如：頭脹脹的、肩膀很緊、腳步很輕）。

這就是你今天能量的「即時快照」。先看見↓才能調頻↓接著便能進入新的時間線。

靈魂習作

那看見之後呢？接下來就是「調頻」

你可以把自己想像成一台收音機。如果你想聽見更清楚的廣播，你要把頻率轉到對的那一台。調頻，就是把自己從「亂亂的、卡卡的」狀態，轉換到比較清晰、有力量的頻率上。這個轉頻的過程，會直接影響你接下來走上的時間線。

你的能量狀態，決定了你的時間線。當能量高頻時，你會進入一個更豐盛、順流的時間線；當能量低頻時，你可能會感受到阻礙、困難，甚至陷入負面循環。

調頻的三個主要方向

方向一，調整「情緒能量」：從卡住↓到流動

你的情緒是一種能量語言。如果你每天都在煩躁、焦慮，那你正在與低頻時間線共振。如果你慢慢練習放鬆、接受、感恩，你的能量就會開始上升。

怎麼做？深呼吸五次，專注在「我釋放，我接納」這兩個字。

第一句：「我釋放」＝讓卡住的能量流動。

我們每天會累積很多情緒殘留，別人無心的一句話讓你不爽，自己又開始怪自己沒做好，擔心未來、懷疑自己、責怪過去。這些情緒本身沒錯，但如果你一直抓著它不放，一張一張的標籤貼貼在臉上，它就會變成能量場裡的「阻塞點」，像水管卡了髒東西一樣，讓你的頻率降低。當你說出「我釋放」，你不是在否定這些情緒，而是告訴自己：「我可以不再把它們背在身上了。」你不是要它們消失，而是允許它們流走。

第二句：「我接納」＝開啟穩定與擴展的力量。

很多人困在低頻狀態，是因為「不接受現在的自己」：「我不應該這麼懶」、「我怎麼又失控了」、「我不夠好、不夠快、不夠穩……」這些內在的抗拒會形成一種內戰，而戰爭只會讓你的能量更混亂。當你說出「我接納」，其實你是在幫自己按下「能量穩定鍵」。你是在對自己說：「就算我現在不完美，我也願意先接住我自己。」只要你願意接納當下，能量就會開始鬆動、變柔軟，也就有空間轉頻了。它是一種自我能量的對話式調頻，是一種靜靜卻很有力的靈魂溫柔調整法。這時候靈魂的光會變成柔軟，也不容易塞住難行。

方向二，調整「心智能量」：從限制↓到開放

你相信的，會決定你能走多遠。如果你內在常常有「我做不到」、「我不配」、「怎麼可能」這些念頭，那你就會卡在舊時間線裡。

信念，真的不是說改就能改的。它不像換句話、換個想法這麼簡單。很多信念是卡在潛意識深處的，是我們活了十年、二十年、三十年，甚至是從前世、家族、社會價值中內建來的系統。

我們常說「信念創造實相」，但真正的難題是：很多時候，我們連自己有什麼信念都不知道。因為信念不只是你說出口的話，它更像是一種你「認定就是這樣」

的習慣想法：

- 我不可能做得到（因為沒人看好我）。
- 我要更努力才配得上成功（因為我不夠好）。
- 我不可以太快樂（因為快樂會被奪走）。
- 我不能讓別人不開心（因為我是負責的人）。

這些話你可能沒講出來，但它們每天都在潛意識裡運作，默默拉住你跳躍時間線的力量。改變信念，從「鬆動」開始，不是從「消滅」開始。「我暫時還不相信我可以，但我願意相信，有一天我可能會。」這樣的語氣，是鬆動而非對抗，是允許而非壓抑。

限制性的信念	**鬆動後的語言版本**
我太晚開始了	我現在開始，還來得及
別人都比我強	我也正在成長，我的路不需要跟別人一樣
我很容易搞砸	我也有成功的時候，我正在學習更穩定的方式

信念有時需要「外力」來鬆開，這是正常的！有時候需要你借力使力：比如，一句別人相信你、肯定你的話，可能會打開你心裡一扇窗；一個讓你震撼的事件，可能會直接瓦解一個你以為堅不可摧的觀念；一個安全的團體、課程空間，能夠讓你慢慢「試著做不同的自己」，然後你才發現：「原來我可以！」

如果你卡在信念裡出不來，你可以找老師、找團體、找能夠支持你的空間，讓你在安全感中漸漸解鎖那個「更自由的你」。

方向三，對齊「靈魂能量」：從分離→到合一

靈魂不住在頭腦裡，也不住在你的身分、工作、表現裡。它住在你最深最安靜的地方。它知道你是誰、你來這裡幹嘛、你適合走哪一條路。而所謂「跳躍時間線」，就是讓那個更真實的你來掌舵。當你願意信任靈魂的指引，你就會自然走進屬於你的路。

我們平常活在太多「分離感」裡了：腦袋說：「我應該這樣。」但心裡卻覺得

「很不對勁」。別人說：「這是機會。」但你感覺「很累、不自在」。你明明知道自己真正想要什麼，但總是「說服自己不要去想」。

這就是「靈魂不在線」，人會開始亂跳、亂選。一旦你靜下來、聽回來、連上線，你的選擇就會開始變得不一樣，更輕盈、更準確。有人問你：「要不要去某個地方？」你嘴巴還沒回，心裡已經浮現：「嗯……不太想去！」或是，「好像可以欸！」

這種就是直覺，是你身體裡那個「知道感」，直接給你的答案。

靈魂習作

如何連結靈魂智慧？

直覺感受法：用身體聽答案，而不是腦袋

當你在猶豫一件事，比如：「我要選A？還是選B？」請你找個安靜的地方，閉上眼睛，然後：想像你已經選了A，畫面跑一下，你在做那件事，你的心情是什麼？身體是放鬆的？還是覺得壓力很大、卡卡的？接著想像選了B，一樣看畫面、感覺身體反應。你是舒服的？還是有一種「有點抗拒」的感覺？

如果一個選項讓你覺得比較輕鬆、自然，甚至有點小期待，那就是你靈魂比較喜歡的方向。如果一個選項讓你整個人繃起來、身體緊張、心裡怪怪的，那可能只是你「應該要這樣」的選擇，不是你真正想的。

直覺不是在「想」什麼比較好，而是問：「哪一個讓我比較有感覺、比較像在

對的頻道上？」它很安靜，不大聲，但超誠實！

「靈性書寫」：和我們靈魂的頻率對頻

當你在進行靈性書寫時，你就是在把頻率「調到」靈魂的那個頻道。就像你在轉收音機，平常我們活在腦袋的頻道、日常瑣事的頻道、別人期待的頻道裡，但當你靜下來寫字、讓思緒流動、讓感覺出來時，你就把那個頻率轉到了更靠近「靈魂說話」的那一層。

為什麼寫作會對頻？因為靈性書寫不是用邏輯來「想答案」，而是用放鬆的方式，讓內在更高層的你（你的靈魂、高我、潛意識），有機會透過文字顯現出來。當你願意不加批判地自由書寫、放鬆書寫、誠實書寫，那就是你打開靈魂訊號的時候，你的手在寫，其實是你的靈魂在說。書寫時的狀態，就是你對齊靈魂頻率的「橋樑」。

很多人會在書寫中突然發現：原來我內心真正渴望的是這個；原來我一直在害

怕的是某個記憶。這些「突然冒出來」的感受，就是你進入與靈魂共頻的狀態。

你不需要特別會寫字，不需要文筆好。你只需要：誠實、放鬆、允許。頻率就會開始靠近，靈魂就會開始說話。

最適合寫靈魂日記的三個時間點：

- **早上剛起床（還沒滑手機之前）**：這時候你的腦袋還沒開始「想東想西」，潛意識的聲音最清楚。

  適合寫：今天的感覺是什麼？我的身體狀態如何？今天我想要什麼感受？很適合寫設定意圖，幫自己定調今天的頻率。

- **晚上睡覺前（一天結束，情緒收回來的時候）**：這時候你比較容易誠實面對自己，因為一天都過完了，你會比較願意去「看見」那些不舒服的感覺。

  適合寫：今天最讓我有感覺的事是什麼？有沒有哪一刻讓我開心／不舒服？明天我想對自己說的一句話是？很適合寫「自我整理、情緒清理」，不把情緒帶進夢裡。

- **任何你覺得「卡住」或「心煩」的時候：**這不是固定時間，而是你身體告訴你：「欸，我需要一點空間。」當你突然覺得煩、累、亂、不知道自己在幹嘛，就打開筆記，隨便寫。不用寫得好，只要寫出來，它就開始流動。可以寫：「我現在很煩，因為……」或是，「我不知道怎麼辦，但我想……」適合寫：緊急釋放與靈魂對話。

靈魂習作

如何探索你的多重時間線？

每個人都擁有探索不同時間線的能力，這並非超自然現象，而是一種高度的心靈覺知。透過意識引導、直覺探索、冥想練習，你可以進入不同的時間線，觀察自己的可能性，獲取靈魂成長的洞見。

探索多重時間線的練習，可以幫助你從靈魂的視角來看未來的可能性，幫你感覺哪一條路，更適合你現在的靈魂狀態。

練習方式如下（約十五到二十分鐘）：

步驟1：讓自己靜下來，找一個你覺得舒服、不會被打擾的地方。坐好、躺下都可以，閉上眼睛。深呼吸幾次，慢慢吸、慢慢吐，讓整個人放鬆下來。

想像眼前出現一道「光之通道」，可以通往不同人生可能性的時間線之路。

步驟2：在心裡設定你的問題。問題不用複雜，最重要是你真的想知道答案。你可以輕聲地在心中問：「如果我選擇換工作，我的靈魂會有什麼樣的發展？」「如果我走進這段關係，我的人生會往哪裡走？」「如果我留在原地，我會變成什麼樣的自己？」設定完之後，讓答案自然浮現，不用急。

步驟3：感覺不同的時間線。現在，想像你站在一個交叉路口，前面有好幾條不同的道路。每一條路，都是你「可能會走的未來」。選一條你最想知道的，輕輕地走進去。看看你在那條時間線上，會變成什麼樣子？生活是什麼樣子？你感覺如何？

有時候你會看到畫面；有時候只是有一種「感覺對了」或「怪怪的」的直覺；有時候身體會有反應，緊繃？輕鬆？心跳加快？這些都是訊息。

步驟4：比較不同的選擇。你可以再走進其他幾條路看看，感受每一條的氣氛和狀態。然後問自己：「哪一條路讓我覺得最有力量？哪一條最輕鬆？哪一條最像我想要的人生？哪一條雖然有挑戰，但我有動力去面對？」這不是「誰比較對」，而是哪一條比較對你的靈魂。

步驟5：選擇你的時間線，帶著它回來。當你找到一條你想走的時間線時，在心裡對自己說：「我選擇這條最適合我靈魂成長的路，我準備好迎接它的挑戰與祝福。」然後慢慢離開那個畫面，回到你現在的身體意識。動一動手指、腳趾，睜開眼睛。

可以寫下剛剛的感覺、畫面、發現，幫助你在接下來的日子裡，做出更有覺知的決定。

靈魂習作

如何適應時間線變化，提升靈魂學習？

有時候你會突然有種感覺。

「我最近明明在變好了，怎麼反而有點不舒服？」

「我做出新的選擇了，可是身邊的人好像還是老樣子？」

「我知道自己不一樣了，但現在的生活感覺有點不合拍……」

這些感覺就是所謂的「時間線張力」。為什麼會出現「時間線的張力」？因為你正在轉頻、正在靠近一個新的版本的自己。

- **你的靈魂已經在前面了，但身體還在適應**。你內在有了新的想法、新的渴望，可是身體還沒習慣這種頻率，會覺得有點累、睡不好，或情緒變多。
- **你做的選擇開始改變，但生活還沒跟上**。你可能開始過得更有界線、更誠實地做自己了，可是周圍的人還在用舊方式對你，這就會有落差感。

- **你會開始覺得「這裡好像不太對」**。可能原本覺得舒適的工作或朋友，現在突然讓你覺得卡卡的、格格不入，甚至有點迷路。

這些都是時間線調整的正常現象，關鍵是學會如何平衡與適應。給正在轉線的你一句話：「我允許自己慢慢來，就算現在還有點卡、還有點不適應，我知道，我正在靠近那個更自在、更真實的我。」

適應不同時間線時的自我狀態觀察與調整

當你開始與更高版本的自己對齊，每一個支持自己、擁抱當下的選擇都像是在說：「我準備好了，接住更真實的我。」這時，靈魂會將你帶往一條更有可能發揮潛能、充滿機會的路線——你正在和那個「未來的你」開始對頻。留意你的內在節奏變化，隨時與自己的身體、心理、過去的經驗對話：

- **穩定能量場，讓身體適應新時間線**。身體是靈魂的載體，它需要時間適應能量的轉換。如何穩定身體能量？比如每天至少花個幾分鐘赤腳走在草地或土地上，幫助能量穩定；泡澡、游泳或使用水療來釋放舊時間線的能量殘留。改變時間線時，睡眠可能會受到影響，確保自己有足夠的休息時間來適應。當身體適應新的能量，時間線轉換會更加順利。

- **心智調頻，突破舊有信念的限制**。當你進入新的時間線，舊的信念可能會試圖拉你回到原來的狀態。如何鬆開這股拉力？每日給自己一句鼓勵的話，例如：「我有選擇的自由，我正在走向最適合我的人生方向。」寫下曾經限制你的想法（如「我做不到」），再改寫成支持自己的句子（如「我可以一步步學會」）。未來不是過去的複製貼上，而是你當下的選擇累積而成。當你的想法開始轉變，你的內在也會更有彈性去迎接新的人生階段。
- **信任宇宙，學會放手，讓轉變自然發生**。當你不再急著掌控每一個答案，反而開始聽見內在的聲音。當你不再硬要事情照你想的方式發生，宇宙才有空間讓更適合的結果走進來。當你放下對「完美規劃」的執著，你的學習與成長也會開始流動起來。每天早上問自己一句：「我今天可以在哪裡多一點放手、少一點執著？」遇到卡關時，練習深呼吸三次，問自己：「如果我相信一切正在為我鋪路，我現在還需要緊抓不放嗎？」記下那些你曾經擔心的事，後來是怎麼自己順利發生了。這會幫你一點一點累積對宇宙的信任感。

當你放下了阻力，時間線自然帶你前進。

靈魂習作

如何在多元現實中勇於挑戰既有信念？

在多元現實中，時間是可彎曲的，信念是導航器。勇敢挑戰既有信念，就像穿越蟲洞一樣。在多重時間線中，真正的突破，不在於找到正確答案，而是敢於踏入未知的維度。

問問自己是不是太常認定「這個版本的我不夠好」？你越是拒絕自己的某個面向，就越難整合多重宇宙中的力量。但當你願意擁抱那個最混亂、最脆弱的自己，就能解鎖所有宇宙的通道，成為完整的你。

那麼，如何成為能穿越多重現實的人？

- **勇敢質疑「理所當然」的觀念：**就像在《星際效應》（*Interstellar*）中，他們必須重新定義「重力」、「時間」、「愛」的意義，我們也要願意去質疑那些內建在潛意識中的信念：「失敗代表我不夠好」、「改變會帶來危險」……這些想法只是曾經有用的保護機制，不是宇宙真理。

- **練習站在不同維度看自己：**靈魂不是只活在現在的肉身裡，它可能同時存在於多個平行現實中。在這些現實裡，有一個你已經活出了夢想，有一個你還在害怕起步，還有一個你正在療癒某段過去。每當你勇敢地挑戰信念，你也在讓其他的你獲得釋放與前進。
- **拿回創造權，不再被單一現實定義：**在《星際效應》電影的最後，是信念與情感穿越了時間與空間。你對自己的信任，也有這樣的力量。當你選擇相信「我可以成為更完整的我」、「我可以穿越限制，進入新的時間線」。你就是在為自己創造出新的星系、新的未來可能。

我們的信念決定了我們所看到的世界，而這個世界，並非唯一的現實。當你開始挑戰舊信念，你的靈魂將有機會進入新的時間線，體驗更豐富、更自由的生命。你的靈魂，值得活在一個更開闊、更自由的現實中。你，準備好挑戰自己了嗎？

靈魂筆記

附錄

臨終的陪伴

當生命走向終點，靈魂並沒有消失，而是進入另一場旅程。

在靈魂的視角中，死亡並不是終結，而是一場回歸的轉變。許多瀕死經驗的人都描述了一種共同的體驗——離開身體後，他們進入了一個溫暖而明亮的光中，感受到純粹的愛與寧靜，甚至與已逝的親人重逢。他們不再受限於身體的痛苦，而是以更宏觀的角度回顧自己的人生，理解了愛與連結的真正意義。

這些靈魂的見證，帶給我們什麼啟示？而當我們或家人面臨生死交界時，我們又該如何準備？

很多人跟我分享過他們的瀕死經驗，就是那種「差一點離開這個世界」，卻又回來的經歷。而讓我很感動的是，他們的描述有很多共同點。他們說：「在靈魂離開身體的那一瞬間，沒有痛苦，反而是一種很輕、很自由的感覺，像是突然放下了所有重量，整個人輕得像雲、像光。」

接著，他們會進入一個有「光」的地方，但那光不是刺眼的燈光，而是一種很溫暖、很平靜的能量，有些人說，那感覺就像是「被完全理解、完全接住了」。有人會看到已經過世的親人，有人會感覺到某種高頻存在，就像指導靈或神祇一樣，但你不用知道那是誰，靈魂自己知道「我被迎接了」。

然後，他們會像在看電影一樣，重新看一次自己的一生。那不是在責備自己，而是從一個很高的角度去理解：「原來我當初做那個選擇，是為了學會什麼。」「原來那段傷害，是我靈魂安排的功課。」

但更特別的是，很多人回來後，都變了。他們開始對人生多一點理解，對小事多一點感激。不是因為他們經歷了奇蹟，而是因為他們知道：死亡，沒有我們想像中那麼可怕。因為靈魂真的曾經離開過身體，有些人回來後會有一段「不太穩定」

的感覺。可能會一直做很清楚的夢，常常覺得自己不太在身體裡，對現實有點格格不入，好像「心還沒回來」。

如果我們有家人即將離世，我們可以怎麼做？當生命來到最後一段旅程，我們常常會手足無措。但有一些簡單又溫柔的方式，可以讓這段旅程，變得有尊嚴、有陪伴，也有愛。

怎麼跟他說話？靈魂在準備離開身體時，感官會變得比較遲緩，他們聽得見我們說的話，但會覺得聲音像從很遠的地方傳來。

所以，請你慢慢地說話，一個字、一個字，清楚又溫柔。不需要太大聲，也不要急，他們聽得見，只是需要一點時間接收。

你可以說：「你可以放鬆了，我們都在這裡。」「我們很愛你，謝謝你陪我們走了這麼長的路。」「如果你準備好了，我們會祝福你平安地去你該去的地方。」

如果你會哭，沒關係。

眼淚是愛的語言，靈魂懂的。不用擔心你的哭會讓他「不敢投胎」或「走不了」。只要你不是用力地拉住，而是用心地陪著，那就是祝福。

身體的陪伴方式

握住他的手，是一種最直接的支持。那種熟悉的觸感，會讓快往生的家人知道：「我不是一個人。」

你可以幫他擦身，動作慢、輕柔，像幫嬰兒洗澡一樣。也可以保留一小撮頭髮，作為一份紀念——如果你願意，也可以問問其他家人。在他的身上蓋上一條熟悉的薄被，或他平常喜歡的香味（精油、乳液、衣服的味道），這些氣味會幫助快往生的家人安定，讓他覺得：「這裡是我熟悉的地方，我可以安心了。」

如何照顧自己？

這段過程不只是對將離去的人的祝福，也是你自己與他靈魂之間最後一段深刻的交流。如果你感到不安、捨不得，或不知道怎麼準備，請記得：你做的不需要完美，只需要真心。

你可以靜靜地陪著他，不說話也沒關係。你可以把回憶說給他聽，像是說故事一樣。

請給他時間，也給自己空間。你所做的每一件事、每一句話、每一滴眼淚，他都會記得。而他也會帶著這份愛，踏上回家的路。

託夢

當靈魂與靈魂在夢中相遇，你準備好接收訊息了嗎？你是否曾經做過一個夢，醒來後久久不能忘懷？

你夢見了已逝的親人，感覺他們真實地站在你面前，眼神溫暖、話語清晰，甚至能感受到他們的氣息與擁抱。這不是普通的夢，而是一場靈魂與靈魂的相遇——這就是「託夢」。

很多人以為，被託夢是因為八字輕、容易撞鬼，或是親人執念太深、魂魄不散。但託夢與這些無關，而是與你的睡眠狀態、靈魂的頻率有關。

託夢不是隨機發生的，而是有其特定的時間軌跡。這條時間線，並不是以「日曆時間」來計算，而是依照靈魂適應另一個世界的節奏來運作。

- **剛離世的前幾天：**靈魂剛離開身體，適應轉變階段，這段時間，親人的靈魂仍然停留在人間的能量場，與親友的連結最強，因此最可能託夢。夢境可能模糊、斷續，有時親人會試圖說話，但內容很容易忘記，或影像不清晰。有些人會夢見親人「走向某個地方」，象徵靈魂的過渡期即將開始。這個時期的託夢，通常是親人的道別夢。他們來告訴你：「我離開了，但我愛你，請放心。」

- **接下來的幾週到幾個月內：**靈魂開始適應另一個世界，與夢境的聯繫變得微妙。這時的託夢比剛離世時更清晰，親人可能與你對話，甚至透露一些訊息。有時你會在夢裡很清楚親人已經過世，也知道是對方來看看你，告訴你：「我要走了，不要擔心。」這代表他們正在前往靈魂的下一個階段。這時期的託夢，通常帶有提醒或交代。
- **一年後到幾年內：**靈魂已經進入更高的層次，偶爾回來探望。親人不再處於剛離世時的狀態，若他們再次來託夢，通常是為了安慰你，讓你知道他們很好。這時的託夢可能發生在你特別思念他們時，例如生日、紀念日、重要日子。夢境中的親人通常只是單純地展現他們的存在，或是給你一個微笑。這時期的託夢，像是一場久違的相聚。

- **很多年後的特殊時刻：**偶爾回來，帶來指引或預警。有時，親人會在你生命的關鍵時刻出現在夢裡，可能是提醒你某件事情。這類託夢可能與你的生活變化有關，例如人生低潮時，親人出現在夢中擁抱你，或簡單地說：「加油，我在這裡。」也可能發生在家族變動、即將有重大事件發生之前（例如婚禮、生子、搬家），象徵他們仍然在守護著你。

靈魂沒有視覺，無法「看見」你，而是透過意念與能量共振來連結。所以，如果你希望某位親人來託夢，睡前可以閉上眼睛，靜下心，清楚地回想他的樣子、聲音與微笑，這等於是在向他的靈魂發出訊號：「我準備好接收你的訊息了。」

託夢最容易發生在淺眠進入深層睡眠的瞬間，因為這時候大腦放鬆，意識未完全關閉，靈魂感知力最強。如果睡得太沉，大腦幾乎不做夢，就算親人來託夢，你也不會記得；如果睡得太淺，夢境則容易破碎、不連貫。而很多人以為「夢最多的時候」——快速動眼期（REM），其實只是大腦在回放白天的記憶，並不是真正的靈魂訊息。

真正的託夢，通常發生在「快要入睡」或「快要醒來」的時刻。當你的意念與親人的靈魂頻率對上，他們才有機會透過夢境來找你，讓這場跨越時空的相遇得以發生。

小語靈光

愛的能量

「用愛回應世界，你也在悄悄改變頻率，療癒靈魂。」

感恩的能量

「當你感謝已有，豐盛就悄悄向你靠近。」

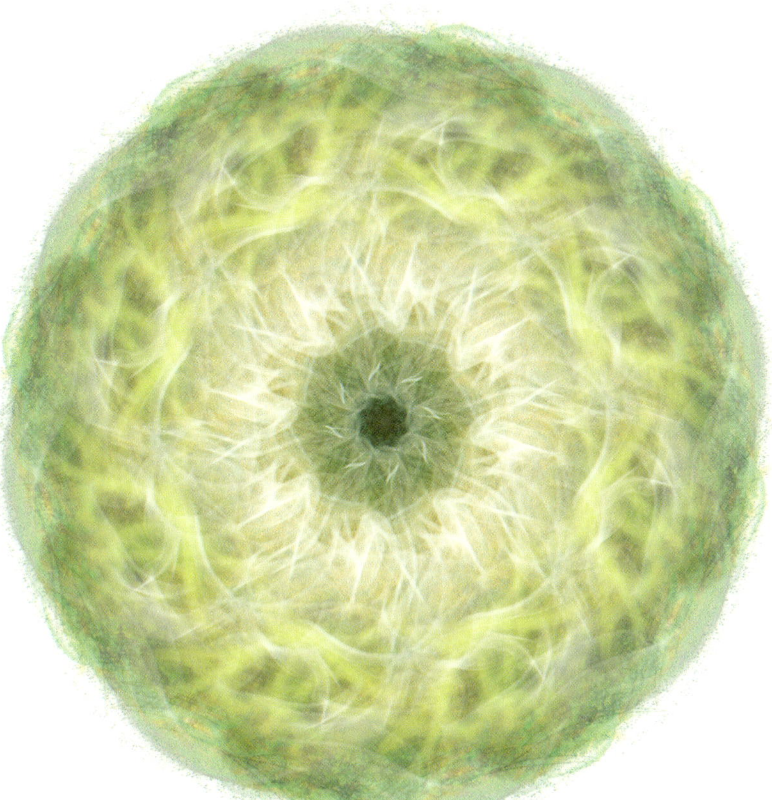

喜悅的能量

「真正的喜悅，是內在穩定後，流出來的光。」

真誠的能量

「當你不再壓抑真實的自己，靈魂才終於能深深地呼吸。」

專注當下的能量

「當你全然活在當下，宇宙也在此刻回應你。」

信任與臣服的能量

「當你選擇信任與臣服，靈魂的頻率就會對齊更高的時間線。」

後記
靈魂跳躍，活出生命

即使在輪迴之中，真正清醒的靈魂，依然能跳躍不同的時間頻率，穿越不同的版本與經驗，走出屬於自己的軌道，成為更自由、更完整，也更閃耀的存在。

我們擁有的，不只是此生的記憶，而是靈魂的永恆。這本書，正是我想說給你聽的，是一段關於靈魂如何生活及跳躍時間線的祕密，是一段探索靈魂頻率狀態的旅程，也是一封寫給每一位渴望「活出靈魂真實」的你，所準備的啟示信。

真正的死亡，不是肉體的終點，而是我們遺忘了靈魂的存在。當我們開始以靈魂的視角看待生命，就會明白：每一次的相遇與離別，都是靈魂之間交織出的光與約定。

這本書的完成，對我來說，不只是一本作品的落筆，更是我這二十年靈魂旅程的一段總結。我走過了「生門」，也陪伴無數靈魂走過「死門」，從醫療現場到靈性空間，從悲傷到轉化，我看見的不只是死亡的模樣，更是靈魂如何帶著愛與學習，一次次來到人生、離開人生、再次歸來。

這本書與《我看到的世界跟你不一樣：靈魂溝通師的真情筆記》，記錄了我從現實到靈性、從感性到覺醒的整合，我希望它們不只是文字，而是一道道光，照進你心裡最柔軟、也最渴望被看見的地方。

宇宙，遠比我們想像的還要浩瀚，也還要溫柔。生命的本質，不只是一場由生到死的過程，而是靈魂一次又一次決定醒來、選擇愛、願意走自己的路。

而現在當你看到這本書時，也許這趟探索，正要開始。

願你放下那些無法再改變的遺憾，願你帶著靈魂的覺知，回到當下的身體與生活，用腳踏實地的方式，創造屬於你獨一無二的生命時間線。

你，從未迷失，只是剛好，在回家的路上。

Trans+

Trans

Trans+

Trans+